大平信孝——著　林于楟——譯

一本書終結你的拖延症

透過「小行動」打開大腦的行動開關，
懶人也能變身「行動派」的37個科學方法

やる気に頼らず「すぐやる人」になる37のコツ

致台灣讀者

聽說這本書要在台灣出版了，我非常高興。因為台灣是我家庭旅行時去過很多次、最喜歡的國家之一。

這本書是我的第十本書，也是擔任心理教練十二年來的集大成著作。在日本，這本書受到從中學生到七十多歲老年人的喜愛，銷量已突破二十萬冊。

「你絕對不是不行的。不要責怪自己，決定了想到達的未來後，就邁出今天能做的第一步吧！」這是我在書中字裡行間想傳達給你的想法。

唯有伴隨你熱情的行動，才能創造充滿希望的未來。夢想是「異想天開的目標」，請就從一個小而具體的「十秒行動」開始吧！

大平信孝

前言 FORWARD

非常感謝你購買本書。

雖然很突然，請讓我問個問題。如果有個人沒種下蔬菜的種子或幼苗卻期待收穫，你對他會產生什麼想法呢？

你應該會出現「再怎麼說也不可能有收穫吧」、「什麼也沒種卻期待收穫也太奇怪……」、「總之先種幼苗或是播種比較好吧」等想法。

我想再怎樣，應該都不會有人不播種也不種幼苗就能有收穫吧。

但是，如果將其代換成平常的工作、自己的夢想或目標時又會怎樣呢？

令人意外的，有相當多人雖然有夢想及目標，卻沒有採取任何實現所需的行動，只是期待成果。

「我想要說得一口流利英文」，卻沒有在接觸英文。
「我想鍛鍊身體變得更健康」，過了好多年還在找健身房。
「我想要利用興趣創業」，有這種想法卻連查資料都懶惰。

是不是覺得這些景象很熟悉呢？
平常的工作也是相同。

想著「得快點向上司報告發生狀況了才行」，不知不覺已經傍晚了。
明天有份報告要交卻沒有幹勁，完全沒有碰。
覺得回信太麻煩而不停拖延，結果堆積如山。

不斷重複這類事情後，可能會有人出現「所以我就是沒用」、「總是得拖到最後一刻才願意動」、「要是那時先行動就好了」等苛責自己的想法。

本書就是幫你找回「立刻做」開關的書，每個人都擁有這個開關，「不小心就拖延的人」其實只是忘記該怎麼打開這個開關而已。

「行動派」的人有個共通點，那就是「自然輕鬆」地去做一件事。

並非仰賴幹勁或毅力，而是不勉強自己，輕快地採取行動。

那麼你為什麼會無法行動呢？

因為沒有幹勁？因為意志力薄弱？個性的問題？不，並非如此。

讓你沒辦法採取行動的，是你自己的大腦。

其實我們的大腦非常怕麻煩。當你想要挑戰新事物，或是想解決難題時，就會啟動大腦想要保護性命的偏執，試圖維持現狀。

反過來說，只要讓怕麻煩的大腦燃起鬥志，就能打開「立刻做」的開關了。

為了讓所有人都能立刻打開開關，本書將要介紹三十七個方法給大家。

雖然我好像自以為了不起地寫下這本書，其實我自己過去也是個極度愛拖延的人。

好痛苦。
好麻煩。
又拖延了……。

今天也沒力氣。
雖然每天都好忙，卻沒有累積出什麼成果的感覺。

好累。
什麼事情都不想做。

當時我的大腦就是這種感覺。

一看社群網站，「朋友開始嘗試新事物了」、「徹底鑽研興趣也太強了」、「工作上做出很耀眼的成果」、「工作和生活都過得很充實，感覺好開心」。因此出現「和他們相比，我為什麼如此不亮眼啊」、「不管工作還是生活都是半吊子，也沒有值得自豪的成績」等自卑感，不停嘆氣。

一天、一週、一個月、半年、一年，不停重複相同模式。年歲增加也沒感覺有所成長，只是徒增焦躁、嫉妒和後悔。

雖然有「想變成這樣、如果可以那樣就好了」等小小的願望，卻沒有著手採取任何行動。儘管如此，總是期待著會有幸運女神帶來機會。

沒有播種的土地理所當然只會長出雜草。每天過著哀嘆「我的人生不該是這樣的啊」、「為什麼我會如此一事無成呢？」自我厭惡的日子。

而我在認識了腦科學、心理學之後，改變了這樣的自己。

學習這些知識後，我發現自己的現狀並非起因於自己意志軟弱或個性懶散，只是我不知道「打開行動開關的方法」而已。

結果，我把「不停拖延的人生」改變為「總之試著先播種的人生」了。也就是說，培養出「就算只是點小事也沒關係，總之試著動起來，試著採取行動」的習慣。

我現在活用這些知識，以心理教練的身分，幫助企業經營者、奧運選手以及超過一萬五千名的商務人士實現他們的夢想與目標，這本書的內容全都是我實際活用的方法。

現在只是還沒認真起來而已。
狀況稍微好轉後就開始行動吧。
要好好思考、確實訂定計畫後再執行。

如此思考時，時間只會不停流逝……。

我不想要再這樣下去了！
想要改變現狀。
想要重新振作自己。

請讓我把這本書送給有這種想法的你。

每個人都會遇到沒辦法立刻採取行動的狀況，正確來說，與其說是無法採取行動，倒不如說是選擇了「現在不行動」。

那麼，選擇「現在不行動」的基準到底在哪呢？大多數的情況並沒有明確的標準，只是在等待著什麼而已。

等待明確出現正確答案；等待有誰給出確切指示、命令、指南；等待對方主動聯絡；等待狀況好轉，或是最佳時機到來；等待得失更明確的時刻。

這類「等待」的共通點，就是並非自己積極行動以期讓狀況好轉或引導出正確答案，而是總之先「觀察狀況」。

但這樣處於「被動」，不僅不會讓狀況好轉，甚至幾乎都會惡化。

正因為現在是難以透析未來、正確答案與價值觀也不停變動的動盪時代，每個人當然都想暫停腳步先觀察狀況，等待情況好轉。

好不容易採取行動後，也可能白費工夫或得到反效果。不想吃虧或失敗，採取行動了當然想要得到確實的成果，在狀況明朗前不想行動。我非常理解這種心理。

但是，就算你要等待狀況好轉，至少也要做到播種或種下幼苗等能創造出些許契機的行動之後再等待吧。如此一來，收穫的可能性，也就是實現夢想與目標的可能性就不再是零。

只是點小事也沒關係，在你自身採取行動後，才終於可以得到變化、成果與反饋。接著以此為契機，你的夢想與目標實現、煩惱與課題的解決，也都會朝好的方向發展。

不需要擔心，本書要介紹的方法，無關乎你的個性或意志強弱，可讓每個人都能輕鬆動起來，或是讓人想採取行動。

「行動派的人」每做一件事都會種下希望的種子或幼苗。所以每天早晨伴隨著希望起床，不僅能開心過著每一天，也會期待明天到來。

請務必使用本書的方法，一點一滴確實改變你的人生吧。

希望本書可以成為讓你創造出理想未來的契機。

目次 CONTENT

Chapter 2

維持驚人專注力！放開「行動煞車器」的方法

Chapter 3

不被情緒左右！創造行動派心態的方法

Chapter 4

消滅「忙得無法行動」！善用時間的方法

Chapter 5

朝著夢想或目標跨出第一步！養出行動思考能力的方法

Chapter

1

消滅拖延！「啟動」行動的方法

ON

只要創造出行動「契機」，
就可以驅動怕麻煩的大腦

不小心就會拖延不想做事。

明明有想做的事情，卻遲遲沒辦法著手進行。

不停重複這類事情後，就會不小心開始責怪起自己「為什麼我的意志力如此薄弱呢」、「為什麼會沒有行動力呢」，但這是天大的誤會。

我在前言中也曾稍微提及，其實你沒辦法立刻採取行動，並不是因為你沒用，也不是因為你意志薄弱，是**因為人類大腦天生的構造導致你無法行動。**

人類的大腦為了維持生命，只要生命沒有受到威脅，就會啟動盡可能避免變化、想要維持現狀的防衛本能。

當你想一口氣改變先前的生活習慣或行動，想要開始新事物時，剛開始幾天還能靠幹勁及耐力撐過去，但幾乎都無法長久持續，容易半途而廢或故態復萌。

問題不是出在能力、個性或幹勁上，最大的原因是大腦的防衛本能試圖要抑制你的行動。我們的大腦其實非常怕麻煩，就大腦的結構上來看，難以一口氣就把事情做到完美。

或許有人會對「該不會想成為『行動派的人』是件難事吧？」感到不安，但請放心。

我們的大腦中有個叫做「伏隔核」（Nucleus accumbens）的部位，**只要刺激伏隔核，就可以刺激提高熱情、讓自己感到愉悅的「多巴胺」分泌，而這個多巴胺就是行動力的源頭。**只要能啟動這個開關，任誰都能立刻採取行動。

在此最重要的是，伏隔核這個開關並沒有辦法自行啟動，也就是說，替自己打氣「好，我要開始做了！」也沒辦法啟動開關。

另外，就算旁邊的人加油吶喊「要加油喔！」「我會支持你的！」或叱責「快點去做啦！」「你為什麼不馬上去做呢！」也無法啟動開關。

那麼，我們該怎麼辦才好呢？

伏隔核會在我們採取行動時受到刺激而分泌多巴胺，所以在「採取行動」之後才有辦法打開開關。

說到這裡，又有人開始不安了吧，「我就是因為沒辦法立刻行動才看這本書的啊……」，還請別擔心。

打開伏隔核開關所需的行動，只需要「一點點」就好。

不僅如此，大腦還具備「可塑性」這項特質。

可塑性就是，雖然沒辦法接受巨大變化、會立刻想要恢復原狀，但可以接受小變化，這就是大腦的特質。

也就是說，別突然做出巨大變化，只要從小行動開始做起，怕麻煩、討厭變化的大腦就有辦法加以應對。

而且，這些小行動就算只是「打開課本」、「按下電腦電源」等真的超小的行為也沒問題。如果是這點小事，每個人都能做到。

想要成為事事不拖延的「行動派」，關鍵就在創造「契機」，也就是啟動行動的行為。

在第一章中，就要介紹活用這些小行動來啟動開關，讓你可以立刻動起來的方法。

01

想太多動彈不得的人，就先採取「初步決定、初步行動」

推薦給這些人	立刻做的訣竅
☐ 完美主義者 ☐ 訂定計畫後就結束的人	就算只是初步想法，也在決定「現在要做這個」之後實際嘗試。

沒辦法隨心所欲行動的人有個共通點，就是有「想要確實決定好再行動」、「想要好好建立計畫以避免失敗」等心態。當然，如果什麼也沒想、沒做任何準備就行動，是很難做出成果來。

另一方面，也常見投注所有精力在思考計畫上，結果變成訂定好計畫就結束的狀況，這真的太可惜了。

「訂定完美計畫後再行動」的想法，就是讓你無法採取行動的原因。

為了可以立即採取行動，重要的是要明白先重「量」再重「質」的順序。重點在於最先要增加「行動量」，接著再提升「行動品質」。

大多數無法立刻行動的人都沒有遵守這個順序，對增加行動量這個第一階段行動視而不見，好高騖遠想要追求行動的品質。

也有人想要同時追求量與質，結果使自己動彈不得。如果你想要成為「行動派」，就要把「行動品質」擺到後頭，首先意識增加「行動量」。

此時可以發揮力量的就是**「初步決定、初步行動」**這個態度。

舉例來說，假設你現在想要開始接觸重訓，猶豫著「我正在思考到底是要上健身房好，還是在家訓練就好」、「得先準備運動用的衣服和鞋子才行」，總之先換上現有的方便活動的衣服，試著從伏地挺身或仰臥起坐開始做起，五下、十下都好。

這就是初步決定、初步行動。

像這樣總之試著做做看之後，或許會出現「我連十下伏地挺身都做不到」、「拉傷好痛」等連想也沒有想過的結果。

你認為這些是失敗嗎？

這些並非失敗，而是你行動之後得到的成果。

如果伏地挺身做不到十下，那就從一天三下，或是雙膝跪地的姿勢開始做起，你從嘗試中可得知自己能負荷的量。另外，如果因此拉傷表示你的動作有錯，那就可以去找個有好教練確實教學的健身房。

試著採取初步決定、初步行動後，如果成果和你當初期待或預料的不同，只要修正方向即可。

試著踏出一步付諸行動後，就能刺激你的伏隔核分泌多巴胺，可以從中得到各種反應以及自身感受等反饋，也讓你容易決定接下來要怎麼做。

當你還不習慣時或許會有所躊躇，但只要嘗試一次看看，你就會知道即使不順利也不會受到太大的傷害。只要知道這點，下一次就能毫不猶豫地採取行動。

為了脫離「想太多無法動彈」的惡性循環，請務必嘗試實踐初步決定、初步行動。

重點

不順利不代表失敗，而是「採取行動後得到的成果」。

02

怎樣都無法踏出第一步時，試著就先行動十秒看看

10
SEC
難得都準備好了
那就稍微做做看吧
ENGLISH

推薦給這些人	立刻做的訣竅
□ 獲得指示就能立刻行動的人 □ 訂定計畫後就結束的人	把第一步拆分到「十秒就能辦到的行動」。

打算每天早上慢跑，或要準備證照考試，明明想要開始新的挑戰，卻怎樣都沒辦法踏出第一步。就算想嘗試前項說明的「初步決定、初步行動」，身體仍不聽使喚。

這種時候最有效的方法，就是把最初的第一步門檻調到最低。

具體來說，先試著從十秒就能做到的事情開始動起，我把這稱為「十秒行動」。

正如字面所示，十秒行動就是「只要有十秒就能辦到的具體行動」。

舉例來說，如果你想開始慢跑卻遲遲無法行動，試著思考「一開始的十秒會先做些什麼呢？」接著執行這件事。像「換上鞋子」、「換上運動服」，總之先試著做做看。

如果是念書那就「先打開課本」；如果想要早起就「前一晚設好鬧鐘」；如果是麻煩的工作就「先打開要用的軟體」。

只是這點小行動，就能帶來戲劇性變化。

為什麼這些行動可以創造戲劇性變化呢？

十秒鐘就能辦到的行動確實相當細微。假設你現在想要搬到鄉下居住卻遲遲無法採取行動，此時十秒可以辦到的事情，頂多只有「上網查詢搬遷地點」後作筆記，或者把實際搬去住的朋友的名字寫下來吧。

但沒有人會在十秒行動的階段失敗，正因為「不會失敗」，就容易接續下一個行動。

著手執行十秒行動且順利完成後，就繼續下去吧。常見以十秒行動開啟契機後，接下來持續念書、慢跑、重訓、工作、打掃整理等事情十五分鐘或三十分鐘的例子呢。

這個十秒行動的效果也在腦科學領域中獲得實證。

正如前述，人類的大腦為了維持生命，會啟動盡可能避免變化，試圖維持現狀的防衛本能。

而另一方面，大腦也有「可塑性」這項特質，願意接受一點一滴的變化。

也就是說，如果是十秒就能辦到的小行動，大腦就能應付這個變化。

另外，即使是十秒行動這小小的一步，也有刺激伏隔核的效果。

如果只是等待幹勁自己出現，那你永遠都無法採取行動。「總之先動起來」，自然而然就會出現幹勁了。

重點　**「幹勁」不會從天而降。**

03

麻煩的事情在前一天就先做一點

〈前一天下班時〉
把收據放在最
顯眼的地方！
〈第二天〉
可以迅速
行動

推薦給這些人	立刻做的訣竅
□ 工作需要大量動腦的人 □ 需要花時間才能著手做事的人	只要事前稍微做點準備，就能讓怕麻煩的大腦將「未知」判斷為「已知」。

精算經費等行政工作或向上司報告突發狀況、念書、整理房間，你是否也有這類不小心就想要拖延的麻煩事呢？

不拖延做完這些事情的關鍵，其實就在「前一天」。

工作的事可以在前一天下班前、生活的事可以在睡覺前，稍微有點進度或做點準備。

舉例來說，如果想精算經費，那就在前一天下班前先輸入第一個項目，或是把收據整理好放在抽屜裡最醒目的地方後再下班。

如果要向上司報告突發狀況，那就先跟上司預約時間。

如果要準備證照考試，那就翻開課本，把文具擺在旁邊後再睡覺。

如果要打掃房間，那就在前一天晚上先丟掉兩、三樣不需要的東西，或稍微收拾一下預計要整理的房間，讓打掃起來更順利。

只是一點點小舉動，就能讓你更輕易著手這些容易拖延的事情。

這個方法也能在你從事需要動腦的複雜工作，或是著手未曾經驗過的全新工作時發揮效果。

如果要寫新企劃或策略，那就先在筆記本上寫下你想要提案的事情，閱讀過去可供參考的資料，建立書寫草稿的新檔案並存檔在桌面。

「只要這樣就好？」或許你會覺得很不可思議，其實其中有兩個理由。

第一個理由，這可以調降行動門檻。

這與前面提及的「十秒行動」相同，只要採取一點點行動，就能讓不擅長應付「未知」的大腦，判斷這為「已知」的行動，就能讓大腦與想維持現狀的防衛本能對抗。

第二個理由，這可以縮短實際著手行動的時間。

如果已經做好事前準備，人就能毫不迷惘地採取行動。可以在出現「好麻煩喔」、「今天還是別做了」等多餘想法前行動，就能把拖延狀況降到最低。

再加上一點，當你做完一點後睡覺，可以更深一層思考點子，有時還可能想出新點子。

大腦會在睡眠期間整理當天接觸的資訊，在這個過程中可能會喚醒過去儲存的資訊、記憶，兩相結合後可能會誕生先前沒有想到的點子。

所以只要在前一天稍微先做一點，不僅能強化行動力也會有其他好處。這是簡單就能做到的事情，請務必試著實踐看看。

重點

只是下班前多一個步驟，就能大幅改變隔天的行動！

04 在相同地點做相同事情

動腦工作就去咖啡廳

約客戶見面就到空的會議室

例行公事在自己的座位上

推薦給這些人	立刻做的訣竅
☐ 煩惱多工處理的人 ☐ 公司或家裡太吵沒辦法工作的人	首先，在公司或家裡附近找到讓你容易工作的地點。

我這七年來從未在家裡寫作，這本書的原稿也是在住家附近的咖啡廳裡寫的。順帶一提，我除了寫作外不會踏入那家咖啡廳。

為什麼要做到這麼徹底呢，因為我不想要拖延寫作進度。

我現在主要有心理教練、學校經營、寫作這三個工作。因此我家的工作空間裡塞滿相關資料，只要看到那些資料，就會讓我在意得無法提筆，不小心就不停拖延。

但是，截稿日期不會等我。

對此我想出的方法，就是到附近的咖啡廳寫作。

而這有確切的理論根據。

在相同地點做相同工作，就能逐漸讓大腦形成「只要去咖啡廳，寫作進度就大有進展」的既定印象。接著只要不停重複相同動作，就能更進一步強化這個印象。

如此一來，只要一抵達咖啡廳，大腦就會切換成寫作模式，因此可以相當順暢地開始寫作。

順帶一提，我去這家咖啡廳時，除了電腦與相關資料等寫作所需的東西以外，不會帶其他東西。因為沒辦法做寫作以外的事情，就能讓我更加專注。

這個效果在心理學上被稱為「定錨效應」（Anchoring Effect）。

想要創造出這種反射狀態，就不能走一步算一步，試著決定「在這個地點要做這個工作」後，就要盡可能遵守。

每個人都會有不小心就想拖延的工作，或怎樣都沒辦法專注的工作。

所以，舉例來說，可以決定好「需要專注力的企劃類工作，我只在最愛的星巴克裡做」、「要和客戶約見面時就在沒有人的會議室中進行」、「例行工作就在自己的位置上做」等規則後，並盡可能遵守。

遠距工作的人當然也可以活用這些方法，「在家中特別能專心的寢室桌子，只做寫企劃案等需要用腦的工作」、「看YouTube放鬆時就在沙發上」、「事務性工作在餐桌上做」等，可以把家中分成幾個區塊來思考用法。

另外，定錨效應的效果不只可用在場所，應用在「時間」上也很有效。所以可以決定「平日上午就在公司附近的咖啡廳寫企劃案」等，連時段也決定好更能加倍提升效果。

像這樣，只要活用「定錨效應」，把場所與工作相連結，便能讓你不小心就想拖延的工作順利進行。

這是每個人都能輕易做到的技巧，請務必嘗試看看。

重點

試著把特定的工作與場所相連結，建立起固定模式吧。

05

當想要培養新習慣時，就把它和既有習慣綁在一起

推薦給這些人	立刻做的訣竅
□ 不擅長持續做一件事的人 □ 想挑戰新事物的人	把「刷牙」這類每天都會做的事情列成清單。

定錨效應不只可活用在「場所」與「時間」上，也可以幫忙將念書、閱讀、寫日記、伸展運動、散步、重訓等遲遲沒辦法實現的行動養成習慣。

具體來說，像是「刷牙後↓深蹲一次」、「早上喝完咖啡後↓打開日記本」、「搭上通勤電車後↓打開書」，把一件「想要養成新習慣的事情」和「已經養成的習慣」綁在一起就好。

不是從零養出一個新習慣，而是借助舊習慣的力量開始行動，所以更容易順利達成目標。

重點在明確界定出舊習慣的行動結尾，以及想養成新習慣的行動開頭。舉例來說，並非只是「刷完牙後深蹲」，而是「把牙刷收回架上之後，深蹲一次」。

一開始可能會不適應，但只要持續一段時間，刷完牙後就能自然進入深蹲的狀態，而且還會變成不做反而不對勁。

重點 **只要知道不需要從零養成新習慣，就能降低行動的門檻。**

06

感覺提不起勁時，就先試著活動身體

推薦給這些人	立刻做的訣竅
☐ 容易意志消沉的人 ☐ 常坐辦公桌的人	一開始就要決定好「感覺提不起勁時，要怎樣活動身體」。

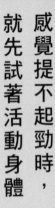

明明得在今天以內完成出差報告，但就是提不起勁來寫。

A總是低頭嘆氣。

B抬頭望天，用力睜大眼睛握拳喊「好！」

那麼，你認為哪一位會比較早著手寫報告呢？

應該很多人會回答B吧，的確如此。

比起「沮喪」、「意志消沉」、「憂鬱」等情緒低落的狀態，「心情很好」、「很有幹勁」、「情緒亢奮」等情緒高張的狀態更容易有所行動。

理由就是先前所提過的，因為大腦分泌了行動力源頭的多巴胺。

其實，只要做點小事就能簡單振奮精神，但因為容易振奮，所以也很容易又會下降，不過在碰到「有非做不可的事情卻提不起勁」時，這些小事就足以有效短暫振奮精神，讓人展開行動。

刺激多巴胺分泌、振奮精神最簡單的方法，就是一邊喊著「耶耶喔」，一邊握拳往上舉，這是戰國時代打仗時常做出的舉動。只不過，要在公司等地方做出這個舉動的難度應該有點高。

但請放心，就算只是稍微活動一下身體，也能刺激多巴胺分泌。

舉例來說，像是以下這些動作：

- 伸懶腰
- 重新坐好端正姿勢
- 轉動肩膀
- 踮腳
- 輕輕原地跳躍
- 拍打自己的身體（臉頰、肩膀、手臂、大腿等）

如何呢？如果是這類動作就能隨時隨地簡單辦到吧。

如果遠距工作，旁邊沒有人且可以確保一定空間的話，那麼迅速抬腿三十秒也不錯。

其他像利用公司內的樓梯移動、去買咖啡等也很有效果。順帶一提，咖啡內富含的咖啡因也有刺激多巴胺分泌的效果。

當你感覺好像提不起勁時，不需勉強自己拿出幹勁來，而是試著稍微活動一下身體。只是養成這個習慣，就能大幅改變你的行動力。

重點

首先試著自己振奮精神。

專欄 1

在早晨時光的使用方式上下功夫，「啟動」一天生活

早上和家人起爭執那天，工作中也會煩躁不已。

睡過頭雞飛狗跳那天，容易被平常不會多加在意的小事情發怒。

「今天好想請假」那天，就算做相同的工作也感覺比平常更疲倦。

你是否曾有過以上經驗呢？這些都有心理學上的理由。

你聽過「情緒一致性效應」嗎？

這是心理學上的用詞，**當你心情很好時容易看見事物樂觀的一面，當你心情很差時**

就容易看見事物悲觀的一面。

也就是說，只要你可以愉悅地展開新的一天，就算那天發生什麼突發狀況，你也能在短時間內找回平常心，能樂觀積極思考，靈活地去面對人事物。

早上怎麼過，是決定你一天行動的重要元素。

起床後到開始工作之間的時間，請把自己很期待的事情，或是能讓自己感到心情愉悅的事情，編排進每日固定行程中。

「悠閒喝一杯咖啡」、「早餐吃自己喜歡的東西」、「散步」、「做瑜珈或伸展運動」、「聽喜歡的音樂」、「冥想」、「打掃」等，什麼事情都可以。

重點在於一開始就要決定好「早晨時段要做些什麼？」因為是喜歡的事情，只要排入每日固定行程中，輕易就能養成習慣。

不僅如此，大腦在起床後幾個小時處於很清醒的狀態，所以容易專注，也被稱為大腦的黃金時段。當你感到游刃有餘時，建議你可以拿來寫企劃、發想策略、念書等需要專注力的事情。

另外，替抵達公司後的行動也建立一套固定模式，就能享受「情緒一致性效應」帶來的好處。

舉例來說，別一到公司就立刻確認電子郵件，而是可以「稍微擦拭桌面」、「去倒垃圾桶裡的垃圾」、「泡杯咖啡」、「用力伸懶腰和深呼吸」等，把能讓你心情變好的小事情養成習慣。

別因為惰性而搭上「向下消沉」的手扶梯，只要活用早晨的既定行程搭上「向上振奮」的手扶梯，在愉悅心情中展開新的一天，也是讓你變成「行動派」的有效方法之一。

Chapter 2

維持驚人專注力！放開「行動煞車器」的方法

ON

剝奪專注力的「行動煞車器」，總是無所不在

明明正在專心工作，卻有人跑來找你說話。

該做的事情太多，不知道該從哪件事開始做而思考當機。

發生預料外的突發狀況而張皇失措。

發生這類事情時，專注力就會被剝奪，無法隨心所欲行動。其實我們的日常生活中隨處可見這類「行動煞車器」。

舉例來說，假設你今天想要從家裡騎自行車到距離三十分鐘遠的公園慢跑。但就在你出發之後，自行車爆胎了。這樣一來就沒辦法去公園，而且你打電話給附近的自行車行，發現今天臨時休息……。

結果那天變成懶懶散散看電視過一天了。

就像這樣，接連碰到突發狀況也會變成阻礙行動的因素。

此時以下兩個方法可以幫助你放開「行動煞車器」。

①找出原因，排除阻礙因素

②聚焦在目的上，將阻礙因素的影響降到最低

以剛才提到的自行車例子來說明，如果自行車行休息沒辦法修輪胎，那就採取搭公車、電車、計程車等其他交通手段就好。

這就是方法①「找出原因，排除阻礙因素」的具體事例。

那麼，如果想用方法②「將阻礙因素的影響降到最低」，該怎樣解決呢？

首先你要先回想，你去公園的目的是什麼？

目的應該是要去「慢跑」。

既然如此，只要在家裡附近慢跑就可以達成你的目的了。另外，你也可以上網查附近有哪個公園可以慢跑。

或許有人會想「原來如此」、「確實是這樣呢」，也或許有人會想「這不是廢話嗎」。

但如果將其套用在每天的行動、生活或工作上，又會如何呢？

之所以沒辦法做到理所當然的事情，是因為你沒準備好應對方法。就算有這個知識，只要沒事先準備成隨時能利用，那就派不上用場。

「因為有人打擾讓我做不完」、「沒有時間所以做不到」、「出現了其他非做不可的事情」、「今天好累了沒辦法」、「不用急著今天做也無所謂啦」，你是否找了理由阻止自己行動呢？

只要知道方法，輕而易舉就能放開剝奪我們專注力的「行動煞車器」。

本章將要告訴大家，簡單且有效就能放開我們身邊無所不在的「行動煞車器」的方法。

07

明確決定好桌上物品的位置

推薦給這些人	立刻做的訣竅
☐ 常常在找東西的人 ☐ 會把現在不用的東西擺桌上的人	決定好最常使用的五項物品的固定位置。

好不容易拿出幹勁來了卻找不到需要的書；在找剪刀時開始在意起尚未處理的文件，結果沒辦法做現在該做的工作；找資料花太多時間，壓縮了寫企劃書的時間……。

根據統計，上班族一年大約花費一百五十個小時找東西。以一個月工作二十天計算，一天平均花費三十七分三十秒在找東西。不僅如此，找東西會擾亂情緒，令人不耐煩、焦躁，剝奪專注力，成為妨礙行動的原因。只要能夠壓縮找東西耗費的精力與時間，就能更容易行動，也能減少專注力遭到剝奪的次數，所以請務必把桌子整理乾淨。

雖然這樣說，想要「好好」整理桌面，也遲遲無法採取行動。**所以，首先決定好文具、文件中最常用到的幾項東西，在桌上或是抽屜裡的固定位置。**如果只是常用的東西，應該不會造成太大的負擔。

另外，如果只是單純整理，轉眼間就會又亂成一團，但只要決定好固定位置，「用完就放回原位」就能防止再次變亂。

重點

想著「只要減少找東西花費的時間就好」，別想要一口氣全部整理好。

08

每個月整理一次電腦桌面

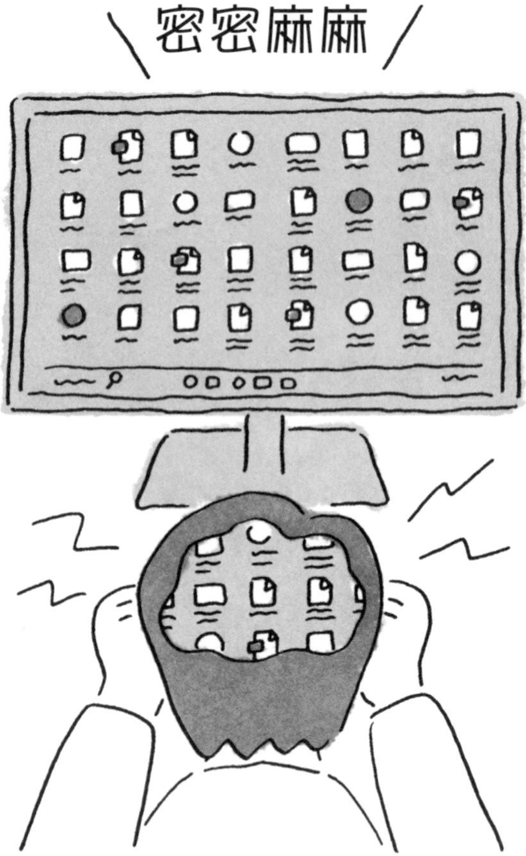

推薦給這些人	立刻做的訣竅
☐ 電腦桌面塞滿圖示的人 ☐ 花很多時間找所需資料的人	先試著刪除幾個已經不用的檔案吧。

不僅物品，找不到資料檔案也是丟失專注力以及心情煩躁的原因。

寫到一半的報告及請款單、為了以防萬一的備份資料、檔案更新前的文件、下載的資料與圖片、不知道哪時下載的檔案，你的電腦桌面是不是亂成一團呢？

電腦桌面亂糟糟的，就會讓你看見不必要的東西，因而跑去做其他事情或是分心，讓你遲遲無法動手做該做的工作。不僅如此，電腦桌面亂成一團，大抵都是工作期限將至，時間和心情都不從容的狀況。這種時候心情也會跟著混亂，讓專注力更加低落。

這是我個人的看法，「煩惱著遲遲無法行動」的人，多數不僅辦公桌上很亂，連電腦桌面也擠滿檔案圖示，常常處於不知道什麼東西在哪裡的狀態。

和找東西一樣，一整年計算下來，耗費在電腦桌面上尋找所需檔案的時間應該也相當可觀。

和整理辦公桌相同，也把電腦桌面整理好吧。

整理的方法如下。

首先，先設定好每個月一次固定整理電腦桌面的日子。月初或是月底，決定好日期後就寫在月曆或行事曆手冊上。

接著刪除不需要的檔案或資料夾，刪除後新建下列五個資料夾。

①保存、參照用

②已結束（今後再使用的可能性很低，但沒辦法立刻丟棄的檔案）

③本週所需的檔案

④本週用不到，但與現在工作有關的檔案

⑤①～④以外的其他檔案

其中只將③「本週所需的檔案」擺在電腦桌面上，其他四個請放在「電腦內的D槽」、「外接硬碟」、「雲端硬碟」等桌面以外的地方。這些檔案也請另外備份在其他兩個地方吧。

重點在於⑤「①～④以外的其他檔案」。

這個資料夾中存放無法刪除、卻也沒辦法分類進①～④的檔案或資料夾。每個月整理電腦桌面時，建立「二〇二三年五月」這類以「年月份」命名的資料夾，並把相符的檔案與資料夾全部移動到裡面去，接著收納在⑤資料夾中。

只要按年月份整理後，需要時也容易找到收放在資料夾中的檔案。

實際上，只是把電腦桌面整理好就能加倍提升專注力，一個月一次只需要花幾十分鐘，請務必嘗試看看。

重點

現在不用的檔案，移動到電腦桌面以外的地方吧。

09

當工作被中斷時，先把重新開始時要做的第一件事寫下來

推薦給這些人	立刻做的訣竅
□ 訪客或電話很多的人 □ 想立刻專注在工作上的人	準備專用的便利貼。

每次在專心工作時會有人來搭話。

在很忙碌時，突然有訪客或來電而不得不中斷工作。

午休時間結束後，怎樣都沒辦法專注在工作上。

專注力一旦中斷，就難以恢復。就算想重新展開工作，也會不小心看起網路新聞，或是確認有沒有新信……，我想應該許多人都有這樣的經驗吧？

其實有個方法，可以讓你極為流暢地重新展開一度中斷的工作。

那就是，一開始就先寫下「重新開始工作時首先要做的事」。只是如此簡單的動作，就能讓你在重新展開工作時瞬間找回專注力。

這個方法有明確理由。我們在工作一度中斷後沒辦法立刻重新專注，是因為不確定「重新開始時該做什麼？」

特別是辦公室工作很少見持續做相同一件事情，大多數的人都同步進行許多非做不可的不同工作。因此一度中斷後就會迷惘「該從哪件工作開始做起呢？」

而這個迷惘是造成注意力不集中的原因。

反過來說，就算工作中斷，只要一開始明確決定好「重新展開時要做〇〇」，就能提升毫不迷惘重回工作的機率。

如果你因為什麼理由中斷工作，只要先寫下重新開始時要先做什麼就好。

我把這個小筆記稱為**「十秒指令筆記」**。

「十秒指令筆記」的效能也在腦科學上獲得證實。因為只要遵照筆記行動，就能刺激伏隔核。

正如先前所述，刺激伏隔核使其分泌多巴胺的祕訣就是「總之先動起來」。同理也可套用在重新展開被中斷的工作上。

順帶一提，這個筆記的寫法也有一點技巧。

「現在立刻看桌上的文件」

「現在立刻回信給A先生」

「現在立刻看第〇〇頁」

注意要以「現在立刻〇〇」的句型書寫，如此一來，就能更容易順利重新展開一度中斷的工作了。

另外，建議把「十秒指令筆記」貼在滑鼠或電腦螢幕上，回到座位時會立刻看見的地方。

如果是平常不用電腦的人，可以把筆記留在桌子的正中央、桌墊上等容易看見的地方。

重點

養成準備一個消除迷惘的「十秒指令筆記」習慣吧。

10

每天工作結束時，先想好明天要做哪些工作並寫下來

① 確認明天的行程

② 想像理想狀態

③ 寫下三個關鍵工作

1.確認過去的企劃書
2.製作草案
3.找資料

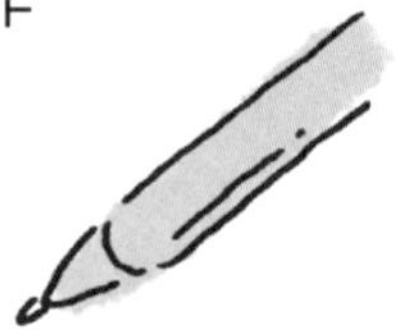

④ 從三個工作中選擇一個

推薦給這些人	立刻做的訣竅
□ 花很多時間才有辦法正式著手的人 □ 只要早上一挫折，整天都會受影響的人	在下班時初步決定好「明天一大早要做的事情」。

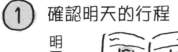

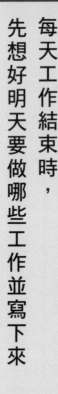

早上抵達公司到工作正式上軌道要花上許多時間，你是否有過這樣的經驗呢？

「那麼，要從哪件事開始做起呢？」

「這麼說來，有工作今天截止耶……」

「昨天做到一半的工作該怎麼辦呢？」

一轉眼，三十分鐘就在躊躇不前中過去了，你應該曾發生過這種狀況吧。

為什麼會花上許多時間才開始工作呢？是因為沒有明確決定好要做什麼。於是在大腦迷惘、思考時，時間只會不停流逝。

只要前一天決定好隔天一早第一件要做的事情，並留下筆記，就能有效避免這種狀況。我把這個稱為**「早上首要指令筆記」**。

在一天工作結束時，即使疲倦也仍處於工作狀態中。在這個狀態下，確認行事曆模擬一下明天一天的行程。

接著決定好明天的三個關鍵工作。

做好這些步驟，隔天早上開始工作時，只要從三個關鍵工作選擇其中一個，就能相當流暢地展開工作。

具體來說：

- 步驟一：工作結束時，確認「明天的行程」
- 步驟二：決定好「明天的工作目標」
- 步驟三：初步決定實現目標的三個「關鍵工作」
- 步驟四：隔天開始工作時，就從三個關鍵工作中選擇一個著手

在步驟一中確認明天該做的事情、想做的事情、會議、討論、工作期限等事項。

接著在步驟二詢問自己「明天工作的目的是？」「為了讓明天變成完美的一天，我實際上想要怎麼做？」

舉例來說，要完成企劃書、要確定好一個合約、要處理完尚未完成的案件、要好好和下屬溝通，根據不同的狀況也會得到不同的答案。

在步驟三中，訂出三個為了實現步驟二目標的關鍵工作，並寫下來。

舉例來說，如果你將明天的目標訂為「要完成一直拖延的企劃書」，那就有「閱讀過去可以拿來參考的企劃書」、「十五分鐘寫好草案」、「尋找參考資料」等工作可做。

只要做到這個步驟，隔天一早就能流暢地著手展開工作。工作結束後只要花上幾分鐘，就能做好以上三個步驟。

接著在隔天早上，從步驟四「隔天開始工作時，就從三個關鍵工作中選擇一個著手」開始就好了。

只要事先決定好要做的事情，就能毫不迷惘地開始進行。

如果這樣仍然無法順利動起來，那就轉而選擇其他兩件事來做就好。

一開始先準備好多個行動方案，就能預防一件事不順利而導致工作停滯的狀況。

重點

明天工作狀態的好壞，取決於前一天的小小事前準備。

11

當三心二意無法專注時，把在意的事情全寫下來

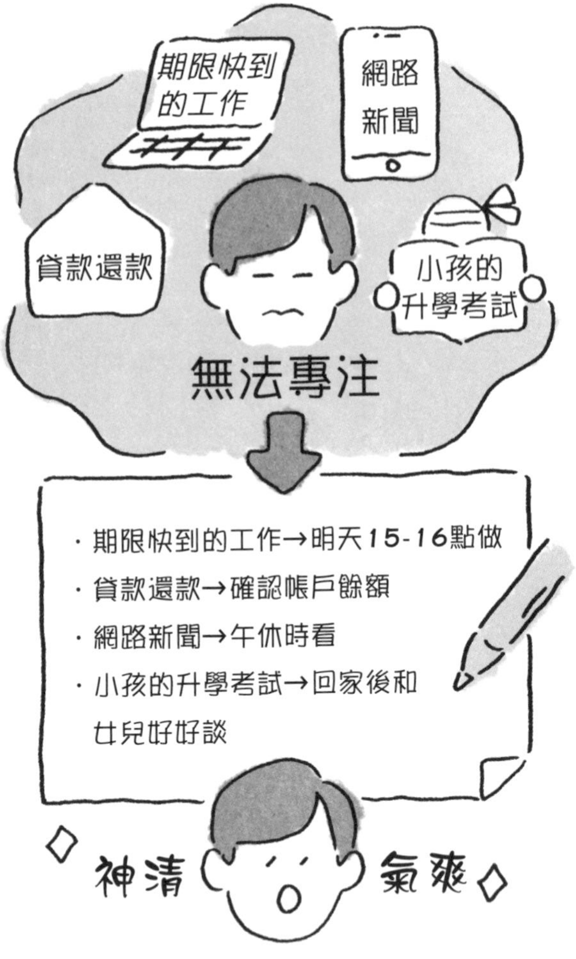
期限快到的工作
網路新聞
貸款還款
小孩的升學考試
無法專注
・期限快到的工作→明天15-16點做
・貸款還款→確認帳戶餘額
・網路新聞→午休時看
・小孩的升學考試→回家後和女兒好好談
神清
氣爽

推薦給這些人	立刻做的訣竅
☐ 該做的事情太多的人 ☐ 會在意其他事情而無法專注的人	養成出現什麼在意的事情時，立刻寫下來的習慣。

回信、製作期限將到的文件、身體狀況、週末的活動、小孩的升學考試、貸款還款、支持球隊的比賽結果、每天的新聞，你是否也曾因為心中太多在意的事情，而無法專注在眼前該做的事情上呢？

雖然常聽到「多工處理」這個名詞，但嚴格來說，人類一次只能思考一件事。當你腦海塞滿了在意的事，當然就沒辦法專注在眼前的事情上。

這種時候，就把自己在意的事情全部寫下來吧。

放任思緒亂成一團會讓大腦難以處理，但只要「可視化」之後，就會變得令人訝異的輕鬆簡單。

只需要以下兩個步驟：

- 步驟一：想到什麼「在意的事情」就全部寫在紙上
- 步驟二：看著寫下來的事項，逐一寫上應對方法

舉例來說：

- 預約下個月的午餐↓這週內查好資料，並選出三個候補
- 忘記回信↓下午一起回
- 貸款還款↓確認銀行帳戶的餘額
- 預約會議室↓下午回信前預約
- 身體狀況不太好↓今天晚上十點前上床睡覺
- 今天的新聞↓午休時再看手機確認

只要用文字寫下在意的事情，就能將腦袋裡抽象思考的事情具體呈現，除了能整理思緒外，也能讓腦袋清爽舒暢許多。

不僅如此，當你看自己寫下來的筆記時，就能客觀分析自己的思考、情緒、狀況與行動。

這在心理學中稱為**「後設認知」**（metacognition），意思就是客觀地認知「自己對事物的認知」的狀態。簡單來說，可以解釋成「掌握自己所知道的事情，以及不知道的事情」。

「掌握自己所知道的事情，以及不知道的事情」，或許你會覺得這是理所當然的，但其實我們很難客觀地看待自己。

只要像這樣**把腦海中在意的事情寫出來，就能俯瞰自己的思考與行動，解決問題的能力也會因此提升。只要對自己有後設認知，許多事情就能簡單找到解決方案。**

只要能創造出這種狀況，就能隨時保持腦袋清爽舒暢，也就更容易順利地展開行動了。

重點

只要把腦海內的想法「可視化」，思考就能變清晰。

12

感覺快要挫折時，就將事情視為個案、特例

推薦給這些人	立刻做的訣竅
□ 要花時間才有辦法從失敗中振作的人 □ 只要沒做出成果就會立刻沮喪的人	聚焦在「行動」而非「結果」上。

使出渾身解數提案後卻沒成功簽約、卯起幹勁開始重訓卻半途而廢，好不容易奮起挑戰卻沒得到成果，這會令人沮喪失落，進而讓之後的行動變得消極。但要是每次都變得消極，就無法成為立刻採取行動的人。

人類遇到事情不順利時，容易產生「這個不順會永遠持續」的想法，遇到事情順利時會想「這肯定只是一時的幸運」，但這兩個想法應該要對調才比較好。

舉例來說，當你重訓半途而廢時，視其為正常狀況抱持「我總是沒辦法持續」、「下一次肯定也無法持續」等想法，與視其為特例認為**「這次雖然沒有持續下去，但下次又另當別論啦」**，你覺得哪種想法可以讓你展開下一次行動呢？當然是後者吧。

當事情不順遂讓你感到挫折時，就把這件事情當作個別的特例狀況吧。

雖然我們沒有辦法控制「結果」，但我們可以控制「行動」。別聚焦在結果上，而是要聚焦在自己可以控制的「現在能採取的行動」上。

重點

把順遂的事情視為正常，把不順遂的事情當作特例。

13

感到壓力時，閉眼一分鐘斷絕所有資訊

推薦給這些人	立刻做的訣竅
□ 不擅應付正式上場的人 □ 容易精神緊繃的人	試著意識自己現在的心理狀態。

明明是第一次嘗試卻不容許失敗，且可供參考的前例或資訊稀少，還沒有可商量的對象……，如果處於這種狀況，任誰都會因為不安、焦慮與壓力而過度緊張，陷入停止思考或停止行動的狀態中。

即使沒到這種程度，「擔心沒有辦法順利」、「會不會失敗啊」，不小心就會想像尚未發生的事情愛窮緊張的人，應該常常處於過度緊張的狀態吧。

像這樣過度緊張，就會跟電腦當機一樣，讓人遲遲沒辦法採取行動，不小心往後拖延的事情也越來越多。常常緊張的人可以有意識地舒緩緊張，這樣容易出現好結果。

舒緩緊張最簡單且有效的方法，就是「閉眼一分鐘」。

只是阻斷視覺獲得的資訊，就能大幅減少帶給大腦的負擔，得以緩解緊張感。有研究報告指出「人類大腦獲得的資訊有八三％來自視覺」，我們從眼睛得到的資訊帶給大腦很大的負擔。

其他像深呼吸或是喝喜歡的飲料，也很有效果。

重點

請記得，你可以自己控制部分的緊張程度。

14

太放鬆時要適度給自己壓力

推薦給這些人	立刻做的訣竅
□ 因為遠距工作而變得懶散的人 □ 不小心就會太放縱自己的人	要是太放鬆時，就請回想「對自己有所期待的人」的臉。

前面提到「過度緊張會阻礙行動」，但相反的，要是過度放鬆，也會變成一個替行動踩煞車的原因。

舉例來說，制式化且沒有低標的工作，就算不順利也不會造成他人困擾時，就很容易拖延不做。另外，遠距工作在身邊沒有其他人的狀況下，有些人也會因此鬆懈而變得懶散。

這種時候，就需要創造出「適度的緊張感」。**創造適度緊張感最有效的，就是「他人對自己有所期待」的感覺。**

心理學中有個「比馬龍效應」（Pygmalion Effect），指出當人受到「這個人很厲害」、「肯定會成功」等稱讚或備受矚目時，就有做出眾所期待成果的傾向。**而且已經證實了，就算只是自己想像出來的「期待」與「矚目」，也有同等效果。**也就是說，你只要認為「自己受到身邊的人期待、矚目」，就會產生適度的壓力與緊張，能讓你更順暢地採取行動。聽起來好像在開玩笑，但這是事實，請務必嘗試看看。

重點

有時也需要給自己適當的壓力。

15

和自己的約定也要設定「期限」

推薦給這些人	立刻做的訣竅
□ 不到最後一刻不肯動手的人 □ 不小心就把自己擺最後的人	把「自己決定的期限」當作「和VIP之間的約定」。

想要讓自己別太過放鬆，自己設定「期限」也是很有效的方法。或許有人會出現「雖曾聽說過期限效果的概念，但自己設定期限，會不會因為放縱自己而無法遵守啊？」的疑問吧。

確實如此，人們對於工作可能會造成他人困擾時通常可以守住期限，但很容易把自己設下的期限擺到後頭考慮。**這是因為你沒有把自己設下的期限，以寫進行事曆等方式具體化的關係。**

自己決定期限就是「和自己定下約定」，當你和「重要的人」約定時，一定會立刻寫進行事曆裡，且多少有所勉強也會遵守對吧。假設真的沒辦法守約，也會立刻想出替代方案避免造成對方困擾。仔細想想，對我們來說自己也是「重要的人」，所以和自己定下約定時，和與他人約定一樣要當成最優先事項，立刻寫進行事曆中且死守這個約定吧。

重點

試著也把和自己的約定當成最優先事項。

16 準備多個計畫消滅「意外」

〈A計畫〉週六白天打掃房間

〈B計畫〉週六晚上打掃房間

〈C計畫〉週日早上五點開始打掃

推薦給這些人	立刻做的訣竅
□ 遇到突發狀況會驚惶失措的人 □ 常遇到「計畫挫敗」的人	預想無法照計畫進行的狀況，並建立對策。

明明想著「週末要來打掃房間」，卻因為臨時有工作而無法實現。

明明決定「這週要完成報告」，卻因為身體狀況不好沒有寫完。

有時就算自己設定好期限，並按部就班朝目標前進，卻沒辦法順利達成。

這並非你的能力有問題，而是你建立計畫的方法出了問題。

先別論「三十分鐘後、一小時後」等時間很短的期限，當期限設定為一週後、一個月後等較長時間時，能照計畫進行才真的罕見。

所以，一開始就要預期意料之外的狀況，並準備好數個方案。

以整理房間為例，「A計畫：週六白天打掃房間」、「B計畫：（假設週六白天無法打掃）週六晚上打掃房間」、「C計畫：（假設週六整天都沒有時間）週日早上五點起床打掃房間」、「D計畫：（假設所有計畫皆無法進行）週日下午三點後絕對不排其他行程」，大概是這種感覺。

只要事先準備好數個方案，就算發生意外狀況，還是能「照計畫」完成事情。

重點

替代方案不能只準備一個，而是要準備很多個。

17

當怎樣都無法行動時，就將最糟的狀況具體化

推薦給這些人	立刻做的訣竅
☐ 總是拖到最後一刻才行動的人 ☐ 太樂觀預估狀況的人	把不立刻行動會增加的「風險」寫出來。

極端來說，人類會行動的理由只有兩個，那就是「迴避痛苦」與「追求快感」。**迴避痛苦就是為了迴避討厭的事情而採取行動**，為了避開「辛苦、痛苦、疼痛、丟臉」等事情而行動，其中最典型的例子就是「狗急跳牆」。**另一方面，追求快感就是「想要」的欲望。**為了得到想要的結果、為了實現夢想與目標，或是為了得到「開心、喜悅、爽快」等感受而採取行動。

你平常都是使用迴避痛苦或追求快感哪種行動開關呢？

在此介紹簡單檢測的方法。

首先，請你先試著思考「未來的事情」，不管是半年後或三年後都可以。想像未來會感到興奮雀躍的人，就是追求快感型。與此相對，想像未來時比起興奮雀躍更感到不安或焦慮，甚至有沮喪傾向的人，就是迴避痛苦型。

這是每個人的個性，沒有好壞之分，最重要的是要先知道自己容易按下哪種模式的行動開關。

在理解這點後培養出符合各自類型的開關啟動法，就能讓你更容易展開行動。

首先介紹「迴避痛苦」型啟動開關的訣竅。

以報告工作上的突發狀況為例，立刻向上司報告能讓你的心情輕鬆許多，另外，盡早報告及做出應對或許也能得到上司好評，但「好難說出口，而且好麻煩」的心情，讓人遲遲沒辦法採取行動。

這種狀態代表著無法以追求快感的「現在立刻報告就能變輕鬆」的心態來採取行動。

這種時候，比起眼前的「追求快感」，你可以試著明確將對你來說更強烈的「如果不立刻做，未來可能會出現的痛苦」寫下來。

舉例來說，可以在紙上寫下：

- **太晚報告讓傷害擴大**
- **傷害擴大會造成公司莫大損失**
- **失去客戶的信賴**
- **結果被上司痛罵一頓**

只要將未來可能面對的痛苦慘況具體化，就能產生「我不想要變成那樣」、「無論如何都要避免」的想法，而打開迴避痛苦的行動開關。

像這樣，當你將可能遇到的不利狀況明確寫下來後，就可以按下「迴避痛苦」的開關，讓你進一步採取行動。

重點

要注意不可以濫用迴避痛苦的開關，只用在真的有必要時。

18 設定獎勵提供自己動力

推薦給這些人	立刻做的訣竅
☐ 常常「心不甘情不願做事」的人 ☐ 靠義務感和責任感行動的人	製作想送給自己的「獎勵清單」。

前面解說了「迴避痛苦」的行動開關啟動法。

雖然這樣說，要是一直只使用這個開關，這一點也不開心，只會不停消磨腦袋和身心。

特別是只靠著「得這樣做才行」、「就該這樣做」的義務感或責任感來行動，會相當疲憊。

這種時候就需要啟動「追求快感」的行動開關，讓你在興奮雀躍的情緒中展開行動。

平常總是用「迴避痛苦」行動開關的人，先試著從想像「最棒的成果」開始做起。

最棒的成果，就是試著想像你在現正進行的工作中，做出最棒成果時的場面。不僅自己的笑容，想像同事、上司、下屬、客戶、家人、朋友等身邊的人的笑容，也很有效果。

如果是不停拖延打掃房間，就可以想像自己在乾淨房間裡放鬆的畫面，或想像請朋友或情人來家裡吃飯的模樣。

如果是準備證照考試，就可以想像考過證照後成功換工作，或是升遷的場面。

像這樣一開始先想像行動終點的方法，稱為「心理演練」（mental rehearsal）。

藉由心理演練，就能按下「想變成那樣！」的「追求快感」行動開關，並非靠義務感行動，而能夠更加自主且順利地採取行動。

雖然這樣說，有「迴避痛苦」思考的人，很可能沒辦法只靠想像啟動開關。

這種時候，就送給自己「獎勵」吧。

舉例來說：

- **工作結束後，要喝個冰涼涼的啤酒！**
- **今天一定要早點回家，在家裡吃晚餐！**
- **去看一直想看的電影！**
- **今天努力後，就要去吃平常忍著不吃的甜點！**

什麼獎勵都可以。

給自己的獎勵就算與工作不直接相關，也有啟動「追求快感」行動開關的效果。

重點 **獎勵就準備不需要太花錢的東西，然後增加次數吧。**

專欄 2

試著注意「聲音」與「姿勢」

冒昧詢問大家，請問你有隨時隨地注意的事情嗎？

我有。只要一這樣做，我就能調整好自己的狀況，腳步也會隨之輕盈起來。

那就是調整「自己製造的聲音」和「姿勢」。

前陣子，我外出時恰巧有點時間，便繞去之前一直很想去的咖啡廳。就在我喝著熱皇家奶茶放鬆之時，聽到廚房頻繁傳來「鏗鏘鏗鏘！」「咚！」的聲響，這讓我越來越坐不住，最後早早離開店家。

我們只要一忙碌或感到不耐煩，每個行動都容易變得草率隨便。如此一來，就會像剛提到的咖啡廳一樣製造出「啪噹！」「碰！」之類的聲響。

聲音是種波動，會直接影響我們的身心狀態。即使是自己發出的聲音，只要是擾亂步調的聲音，就會增加焦躁與不耐。

所以請試著注意自己平常所製造出的聲音，將其調整到平順的狀態。

舉例來說，「試著輕柔開關門或抽屜」、「試著輕柔對待文具或工作道具」、「試著輕輕放下包包或物品」、「試著輕柔敲打鍵盤」等等。

只要發出讓自己感到舒適的聲音，你的心情也會變得平靜並產生從容。

另外一個是姿勢。

其實姿勢和你的心理狀態是相互連結的，結果就會讓行動產生差距。

在「低著頭」、「駝背」、「縮著肩膀」的狀態下，會很難讓你順利地展開行動。

如果可以的話，請試著用力縮小腹，雙肩用力往下放，稍微抬起視線來。

感覺如何呢？是不是覺得這個姿勢讓你更有動力？

這其中有兩個理由。

首先當你端正姿勢時，脊髓的神經迴路傳導會變得更順暢。脊髓集結了人體的重要神經，也被稱為第二個大腦，當你端正姿勢後，就能讓神經傳導更順暢。

第二是讓你的氣管暢通，可以加強呼吸的深度。這樣會讓血液循環變好，大腦的供氧量變多，專注力自然提升。

所以平常就要注意自己的姿勢，如果感覺彎腰駝背了，就試著用力縮小腹吧。

只是一個小動作，就能讓你順利展開行動。

Chapter

3

不被情緒左右！創造行動派心態的方法

ON

行動派的人和愛拖延的人之間，
能力與個性沒有太大差別。
唯一的差距就是對待事物的看法。

其實「行動派」的人和不小心就會拖延事情的人之間，能力與個性並沒有太大的差距。

但兩者對於事物的想法、態度、理解方法、如何應對的方法，有很大的不同。

「任何事物都需經過兩次創造。」

這是以《與成功有約：高效能人士的七個習慣》一書聞名的史蒂芬・柯維（Stephen R. Covey）博士所說的話。

簡單來說，就是所有事情都是先在腦海中創造一次後，再實際成形，也就是說，凡事皆歷經了「心智創造」與「物質創造」兩個階段。

舉例來說，蓋房子時絕對不會有人從立梁柱開始。首先想像要蓋出什麼樣的建築物後畫設計圖，接著以設計圖為基礎蓋房子。

這不僅限於建築業，旅行肯定也是先建立計畫後，才會到目的地去。

工作和課業也是得建立某種程度的計畫後再實行，運動選手也會利用想像訓練，先在腦海中想像出順利的狀態，就能讓身體更容易動起來。

也就是說，所有行動都是事前先在大腦中想像後再實際執行。

「行動派的人」和總是會想要拖延的人，就在這裡出現很大的差異。

「行動派的人」大多能自然描繪出「我能做到、我做到了！」等積極樂觀的想像，就結果來說，他們相當善用想像的力量。

相反的，總會想要拖延的人，大多會描繪出「做不到」、「很困難」、「要是失敗了該怎麼辦」等悲觀消極的想像。

「如果我再年輕十歲」、「要是有時間就能辦到了」、「要是經濟更寬裕點就好了」、「那時要是再認真點念書就好了」等想法亦同。

只要一浮現辦不到的想像，大腦就會開始下意識尋找不做的藉口，正當化不立刻行動的理由。如此一來，除非有天大的目的，或是有鋼鐵般心理的人，否則就沒辦法行動。

由此可看出，消極的想像是阻礙行動的重大因素。

因此，為了要成為一個「行動派」，擁有「我能辦到！」或更進一步「我辦到了！」

的積極想像相當重要。這會讓人把思緒聚焦在「該怎樣做才能辦到」、「該怎樣做才能變得更好」，而非「能不能辦到」上面，也就能讓事情往前推進了。

讀到這裡，或許有人會覺得「那應該要看每個人的個性吧？」「我就是想法消極的人，我辦不到」，但正如在開頭提到的，**這並非個性或能力的問題。只要稍微改變一下看待事物的方法，就可能將自己的消極想像轉變為積極想像。**

本章就要告訴大家該怎麼做。

19

當感覺快被結果牽著鼻子走時，利用「打擊率」來思考

推薦給這些人	立刻做的訣竅
□ 情緒容易因結果潮起潮落的人 □ 會不停思考眼前事物的人	試著回顧過去三個月的成果。

你是否會因為結果或成果而情緒潮起潮落呢？狀況好的時候還沒關係，狀況不好時要是過度在意結果或成果，就容易放棄或因沮喪而停止行動。這種時候，就養成用「打擊率」來思考的習慣吧。

職業棒球的平均打擊率約落在二成五，超過三成就會被稱為一流選手。只要沒做出成果就沮喪的人，你是否抱著想要達到八成打擊率的心態呢？

不管工作還是生活，都請試著擁有只要五次能打中一次，剩下的全部三振或滾地球都無所謂的心態。也就是說，對於自己的行動，要抱持「五次中有一次順心就夠了」，「要是三次中有一次順利那就等同職業選手」的想法。

訣竅就是要用一週、一個月、半年等時間來思考事情。藉由檢視特定時間的結果或成果的打擊率，就能冷靜思考下一步。

像這樣用寬廣的視野檢視自己整體表現稱為**「俯瞰」**，只要培養出這種俯瞰的視角，情緒就不會因眼前的結果或成果過度起伏，而能逐步累積自己的行動。

重點

每天抱著五次只要能打中一次就好的想法，站上打擊區。

20

當事事不順時，就縮小尺規的標準

推薦給這些人	立刻做的訣竅
☐ 容易沮喪的人 ☐ 近期狀況一直很不好的人	從自己的行動中抽出「單一部分」來。

大多數容易沮喪的人，往往都只用一個標準來思考事物。**那就是「事情是否照著當初的預定或目標進行」**。

幾乎沒有事情可以百分之百按照預定順利進行，反過來說，也不會有事情百分之百完全脫離預定。但如果只以這個基準思考事情，就只能給出「零或一百」、「〇或╳」等二擇一的評價。

如果尺規的標準級距太大，就沒辦法看到單一部分。如此一來會出現「明明七〇%順利完成了，卻只看著沒做好的三〇%，然後責怪不完美的自己」、「明明還有很多能做的事情卻放棄了」的狀況。

可以盡量把尺規的標準級距細分，養成發現微小變化、成果、結果的習慣。

舉例來說，「雖然這次企劃案沒通過，但部長說我的企劃很有趣」、「雖然又戒菸失敗了，但我這次堅持了一週」，這類細小的成果也很重要，有沒有注意到這些事情，將大幅左右你接下來的行動。

重點

狀況超級不好時，請有意識地樂觀回顧過去。

21
關注「做到哪些」而非「沒做到哪些」

推薦給這些人	立刻做的訣竅
□ 自我肯定感低落的人 □ 完美主義的人	試著把「做到的事情」寫下來。

明明減肥中禁止吃點心，卻忍不住吃了甜點。
明明決定睡前一小時要念書，卻累得不小心睡著了。

每當發生這種事情時，就會不禁產生「為什麼我這麼沒有用」的想法來責怪、批判自己。越是這樣把自己逼入絕境，就會逐漸喪失自信、希望與能量，如此一來便可能全部棄之不理。

那麼，要怎麼做才能脫離這個惡性循環呢？

這裡有個任誰都能立刻實踐且很有效果的方法。

那就是把「做到的事情」寫下來。不管多細微都沒關係，請試著把所有「做到的事情」寫在紙上。

別用「沒做到濾鏡」看事情，而要用「做到了濾鏡」看事情。

在此發現的「做到了！」會成為你「下一件事似乎也能做到」的動力。

舉例來說，明明決定好每天要五點起床，但你不小心睡回籠覺六點才起床。用「沒做到濾鏡」看事情的人就會覺得「早起失敗了」、「我是個意志力薄弱的人」。

而用「做到了濾鏡」看事情，就會認為「就算如此，我還是比之前早半小時起床了」、「我有慢慢變得早起了」。

你認為哪種看法會讓你明天也能早起呢？

當然是後者。

因此，只要把所有做到的事情寫在紙上，你就能更具體發現細微的成長。

重點在於，就算沒辦法做到完美，也要把部分做到的事情寫下來。

假設有個挑戰戒菸的人忍不住抽了一根菸。完美主義的人可能會因為這點小挫折覺得「我的意志力薄弱，所以根本無法戒菸」，直接放棄挑戰戒菸。

相反的，如果想成「我之前可是一天抽一包耶，才一根而已很棒了」，即使一直失敗也能確實減少每天的菸量，一步步邁向戒菸成功的目標。

我至今幫助了非常多客戶，從這些經驗中得知，**當自我肯定感低落時，有「低估自己理所當然能做到的事情」的傾向。**也就是說，只要失去自信就沒辦法發現自己做到了哪些事。

不管你覺得自己有多沒用，其實你都做到了許多事。你之所以會批判自己，或許是因為你拿現狀與理想的完美狀態相比較。**這種時候，請你把可以想像出的最糟狀況與現在相比較，肯定能找到你已經做到的部分。**

光只是意識到這一點，就能更容易透過「做到了濾鏡」看事情。

重點

不要只用腦袋思考，藉由書寫可以更容易找到「做到了」的事情。

22

關注「行動目標」而非「結果目標」，就能脫離惡性循環

〈結果目標〉
完全沒減輕……
〈行動目標〉
有做就達標
失敗減少

推薦給這些人	立刻做的訣竅
□ 沒辦法順心做出結果來的人 □ 一下子就想要放棄的人	把明天的工作分解成許多小行動。

「我這個月又沒有達成最低目標了」、「多益的分數提升不了」。

當沒辦法順心做出成果時，就容易產生「這個月放棄，下個月再加油吧」、「反正怎樣都沒辦法考到好分數，努力念書也沒意義」的想法，造成動力下降。

實際上只要再多約幾個客戶、只要再多念一點書就可以看見成果，卻覺得要行動相當痛苦而不自覺拖延下去。

如此一來，只會繼續事事不順下去而陷入惡性循環。

想要脫離這個惡性循環，最有效的方法就是聚焦在「行動目標」，而非「結果目標」上。

「結果目標」就是「本月的目標營業額為○○萬日圓」、「通過○個企劃」、「考取證照」等重視結果的目標。

「行動目標」則是把焦點擺在為了做出成果所需的具體行動上。以業務工作為例，「本月簽成十個案子」為結果目標，「每天打三十通電話」、「一天訪問一間現有客戶」、「一週要發兩百封廣告信件」等為行動目標。

結果目標有防止一成不變、保持緊張感的好處。當事事順心進行時，重視結果目標，就能提升創造出更好成績的可能性。但當失敗連連，或因為外在因素導致連續無法達成目標時，就容易感到壓力與不安，這也成為行動停滯的原因。

行動目標則與成果、結果無關，只要做好自己決定的事情即可，失敗可能性也大幅降低。

因為不易感到壓力或不安，當沒辦法做出如意結果時，可以仿照以下舉例，將結果目標轉換為能確實執行的行動目標，就能不降低自己的動力，並著手進行為了做出結果的行動。

【具體例子（結果目標↓行動目標）】

- 完成企劃書↓把企劃書上能寫的項目填滿
- 換工作↓在三個人力銀行網站上註冊
- 夏天前要瘦五公斤↓每天早上散步三十分鐘
- 每天更新部落格↓先寫出三個部落格文章標題
- 整理房間↓丟掉十個沒在用的東西

・多益拿八百分↓寫十道考古題

當你沒辦法做出如意成果時，就別拘泥結果，試著聚焦在行動上吧。

順帶一提，前述的「十秒行動」就是將行動目標進一步細分的行為。當你設定好行動目標後仍無法展開行動時，就可以活用「十秒行動」，讓你能確實逐步加以執行。

另外，聚焦在行動目標上，進而開始做出結果後，請再次把焦點放回結果目標。如果老是只關注行動目標，反而會造成見樹不見林。

重點

設定「行動目標」與「結果目標」，並視情況分別活用。

23 發現下意識脫口而出的「藉口」

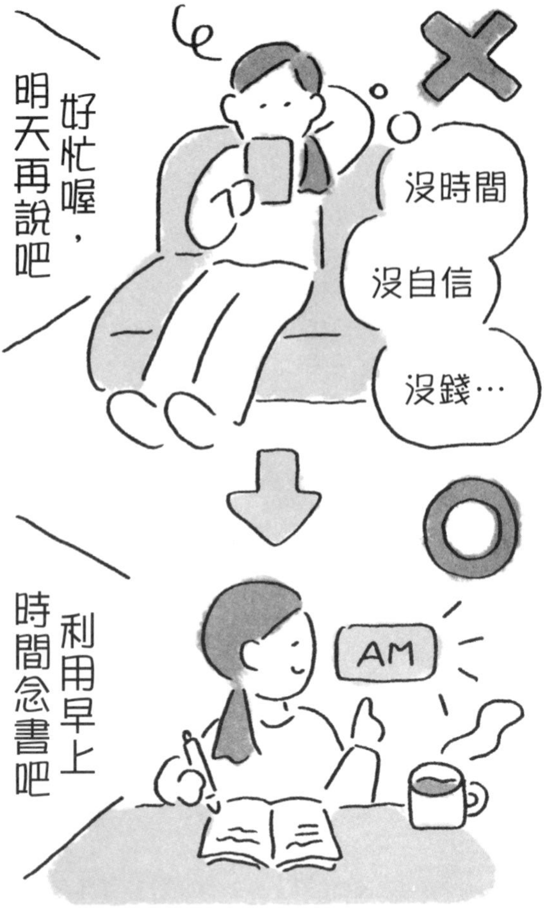

推薦給這些人	立刻做的訣竅
□ 很會找藉口的人 □ 習慣逃避的人	首先從察覺自己的口頭禪開始做起。

你是否會把「要是我有錢就可以做到了」、「沒時間所以辦不到」、「我沒有自信所以現在做不到」之類的話說出口，或在心裡碎碎念呢？其他還有「過去沒有成功案例」、「我已經太老了」、「我父母（上司、朋友）反對」、「要是失敗就太丟臉了」、「我今天太累了」，真要舉例舉也舉不完。

其實這些平常不經意說出的口頭禪，會變成你拖延的觸發器。這些口頭禪正當化你的不行動，且深植你的潛意識當中。

如果你想要改變自己的行動、思考模式，「發現」自己的口頭禪，是有效的方法之一。

雖然這樣說，突然要你立刻不說阻礙你行動的藉口，應該很難辦到吧。這是因為大多人都沒自覺自己正在找藉口。想要修正沒有自覺的事情，對每個人來說都是難事一件。

所以，想要戒掉藉口，第一步就是要認知到自己正在找藉口。

首先，養成習慣在一天結束時，回顧一整天是否曾脫口說出「沒有錢」、「沒有自信」、「沒有時間」等正當化不行動的藉口。

逐漸習慣後，當你說出這些藉口的瞬間，就能自覺「啊，我又找藉口了」，只要你能當下發現自己正在找藉口，就是相當大的進步。到了這個階段後，請計算一天說了幾次藉口，並記錄下來。

更加習慣後，當你脫口而出前，也就是在想藉口的瞬間，自己就會發現「啊，我現在正想要找藉口」。

如果不小心說出藉口，不要說出口後就放任不管，每次都要重新換句話說。

舉例來說，如果你說出「沒有時間所以辦不到」，可以換成「雖然覺得沒有時間辦不到，但時間是要靠自己擠出來的」、「因為時間不夠，那就試著利用早晨的時間吧」，找出你覺得最適合自己的換句話說。事前決定好說出藉口時替換的另一句話，可以幫你在找藉口時更順暢地說出口。

我的大兒子很不擅長理科，所以養出了「我很不擅長理科」的口頭禪。我建議他可以替換成「我不是不擅長理科，而是不懂該怎麼念」後，他開始不把理科留到最後才念，考試分數也慢慢提升。雖然還是感覺自己不擅長，但在換句話說後，他開始積極念理科，成績也進步了。

另外，尋找例外也很有效。

舉例來說，肯定任誰都曾有過「就算沒自信還是順利完成了」、「就算沒時間還是展開行動了」、「就算錢不夠還是勉強過關了」這類經驗。

只要找到一個例外，你就會發現你當作藉口的理由，並非展開行動的絕對必要條件。

只要能發現這點，「因為我沒有錢，那挑戰看看線上募資吧」、「因為沒有時間，那就減少無謂的浪費擠出時間來吧」、「雖然沒有自信，但我過去曾經挑戰成功過，就試試看吧」，自然而然可以找到「能做到的理由」。

重點

語言蘊藏巨大力量。

24

養成與過去的自己比較的習慣，而非與他人比較

推薦給這些人	立刻做的訣竅
□ 看社群網站容易沮喪的人 □ 不小心就會嫉妒他人的人	和他人比較前，請先想像自己想成為什麼樣的人。

「那個人真好，和他相比，我怎麼這麼沒有用啊。」
「我好在意其他人做得如何。」
「我比那個人好太多了，那就沒關係。」

你是否不小心就想和他人比較，而心情受影響呢？如果你和其他人相比後奮發圖強、去挑戰新事物，增加了自己的行動當然沒有問題。**但大多數的情況，和他人比較後會湧上嫉妒、焦躁、自卑、喪失自信、驕傲自滿、優越感等情緒，結果反而常讓人無法進一步展開行動。**

我們只要正常活著，不管工作還是私生活一定會和他人有所交流，現在透過社群網站也更容易看見他人活躍的一面。身處在這種環境中，某種意義上來說，會想和他人比較也是無可奈何的事情。

問題並不在於「和他人比較」，而是在因此產生負面情緒而「停止行動」這點。

那麼該怎麼做才不會和他人比較之後情緒過度起伏呢？

方法很簡單，你不需要和他人比，而是換成和過去的自己比就好了。

和過去的自己做比較後，你就能聚焦在自己的成長上面。

具體來說，你可以拿半年前、一年前、三年前的自己，和現在的自己相比。

「和半年前、一年前、三年前的自己比起來，現在的自己多會了哪些事？」

請試著養成思考這些事情的習慣：

- **和半年前的自己相比，我現在每天早上都有辦法提早三十分鐘起床。**
- **和一年前的自己相比，我現在花在制式工作上的時間減半了。**
- **和三年前的自己相比，我開始可以把時間花在想做的事情上，每天都過得很充實。**

如此一來，應該可以實際感受到自己的成長。進而出現「我也挺不錯的嘛」的想法，也更容易展開行動。

雖然這樣說，和過去的自己相比後，也可能出現退步的遺憾狀況。這種時候先別急著沮喪，而是要思考接下來怎麼辦。

具體來說就是思考**「和現在的自己相比，你希望半年後、一年後、三年後的自己是什麼模樣？」**

舉例來說：

- 半年後，我希望自己有工作一整天也不累的體力。
- 一年後，我希望自己運用英文的工作能做得更加順手。
- 三年後，我想要結婚建立幸福家庭。

就算現在不太順利，只要把現在的自己和未來的自己比較，就可以不貶低自己，並描繪出邁向未來的希望與展望。人類只要明確看見想要實現的未來，就會想朝目標邁進。

別和他人比較，和自己比較不僅不會沉浸在自卑感或優越感中，還可以聚焦在自己的成長上並採取行動。

重點

只要和過去的自己比較，就可掌握自己成長多少，也容易找到「未來成長的空間」。

專欄 3

十秒就能提升自我肯定感的五個行動

我覺得最近（編按：指在新冠疫情影響下）自我肯定感低落的人很多。這不僅是因為感到不安的事情增多，且在現實中與他人交流的機會減少了，受到他人誇獎、感謝的機會也隨之減少，這類生活變化會剝奪人類提升自我肯定感的機會。理所當然的，當你的自我肯定感下降，就會失去展開行動的欲望。在此介紹五個十秒就能提升自我肯定感的方法給大家。

不小心批評自己做不好的時候↓附和「我懂、我懂」

這對習慣否定自己的人有很好的效果，當你發現正在批評自己做不好時，就要像附和他人一樣在心中說「我懂、我懂」，這能讓你的心情輕鬆一點。

想要得到他人認同時↓一邊拍自己的肩膀一邊說「你很努力呢」

「想要得到那個人認同」、「希望他能認可我已經很努力了」，這類想法有時會成為很強的動力。當你試圖想讓他人評價自己，但遲遲無法得到對方認同時，就會讓你的自我肯定感下降。

這種時候，就先試著對自己說「你很努力呢」，來認同自己吧。用手拍拍另一邊肩膀、摸摸自己的頭，一邊做出動作一邊說話，可以更加提升效果。

面對冥頑不靈的自己↓回想吃美食的瞬間

想太多而遲遲無法動彈，這種時候有光用腦袋思考，完全沒活用五感的傾向。這類人就要多加訓練使用五感。

做法很簡單，只要回想吃美食的瞬間就好。

這涉及了吃美食時的畫面（視覺）、味道（味覺）、觸感（觸覺）、氣味（嗅覺）、聲音（聽覺），也就是需要五感總動員。

只要持續這樣做，就漸漸能展開行動，結果也能提升自我肯定感。

想忘記討厭的事時↓嘴角往上揚一公厘

每個人都會遇到不順心或討厭的事情，但要是被影響太久，就會降低自我肯定感。

這種時候請試著稍微揚起嘴角，因為表情和情緒連動，只是揚起嘴角就能確實振奮心情。

面對疲憊的自己↓抬頭看天空用力伸懶腰

持續處於疲倦的狀態也是降低自我肯定感的原因之一。

人一疲憊就會低頭、駝背等讓身體呈現閉鎖狀態。只要把身體打開，就能消除疲勞。心情會和身體連動，只要身體獲得解放，心情自然也會跟著解放。

以上每個都是很簡單也非常有效的行動，請務必嘗試看看。

Chapter 4

消滅「忙得無法行動」！善用時間的方法

ON

「使用時間的方法＝人生品質」。

想要培養出行動力有件重要的事，那就是「時間管理」，為什麼需要管理時間呢？

因為不管做什麼或不做什麼，時間都是重要的資金。

理所當然的，我們沒有辦法拉長時間也沒辦法縮短時間。只要活著，我們每天都會自動得到一天（二十四小時＝八萬六千四百秒）時間。我們把一秒假設為一元，就是所有人都能公平獲得八萬六千四百元的感覺。這個八萬六千四百元既沒辦法預借，也沒辦法儲存。

也就是說，不管有沒有花掉，都只限當天使用。

極端一點說，「時間＝生命」，我們所有的行動都正在耗費「自己生命剩餘的時間」。

光只是意識到這點，就能大幅改變行動力。

在本章中，要介紹幫助大家為了真正重要的事情，將時間發揮到淋漓盡致的方法。

25

掌握自己花最多時間在什麼事情上

自己把時間
花在什麼事情上？

推薦給這些人	立刻做的訣竅
□ 回過神時時間已經過去的人 □ 光「維持現狀」就費盡心力的人	把時間當成「自己生命剩餘的時間」。

雖然聽起來理所當然，想要行動就需要「時間」，就跟想投資需要資金相同。

說到金錢，需要記帳以掌握自己的資產和運用的傾向，時間也相同。

也就是說，為了可以展開行動，寫下時間記帳簿讓你回顧「自己使用時間的方法」相當重要。

「寫時間記帳簿」並不需要做太困難的事。

具體來說，你可以把自己最近一週使用時間的方法分為「①投資」、「②消費」、「③浪費」這三類，接著寫下各類大致花費的時間，這樣就好了。

這與對金錢的想法類似。

我們接著逐項來看吧。

①投資

「投資」是指想像自己的未來，並將其逐步實現的時間。包括花費在學習、經驗、健康、加深人際關係等事情上的時間。

以工作來說，可以是建立中長期計畫或目標、指導下屬或後進、學習專門領域知識、提升效率、提案、製作企劃書、有效會議等。

以生活來說，就是設計未來、資產運用、自我啟發、與家人團聚等。

②消費

「消費」是指用來維持生活的時間，像是飲食、睡眠、休息、轉換心情等，也可說是「用來維持現狀的時間」。

以工作來說就是完成上級交代的工作、製作報告與資料、準備會議或談生意、確認進度、管理行程、接待來賓及處理來電或諮詢、雜務、聯絡、報告、商量、休息與閒聊等。

③浪費

「浪費」就是不能算投資也不能算消費的時間。漫不經心地懶散度日、毫無目的度過的時間。像是沒有目標的上網、永無止盡看YouTube或電視、暴飲暴食、過度熬夜等。

以工作來說，就是裝忙、虛有其表的早會或讀書會等會議、製作沒人會看的會議紀錄或報告、毫無意義的加班、反覆犯下相同錯誤等。

這邊的重點在於，不需要把「浪費」的時間歸零。越是在忙碌或疲倦時，更需要這樣懶散、發呆的時間。只不過，如果你會漫無目的且沒有任何助益地浪費時間，就盡量減少吧。接著把省下來的時間用在投資自己或投資未來上，讓未來可以朝好的方向前進。

會這樣說，是因為如果沒有「投資」時間，最多只能「維持現狀」。也就是說，就算想變成「行動派」，但如果只把時間花在消費與浪費上，你永遠只是個「雖然想要立刻行動，但就是做不到的人」。

首先，試著確認自己使用時間的方法吧。

重點

壓縮浪費時間，增加投資時間。

26 製作時間表後並遵守原則

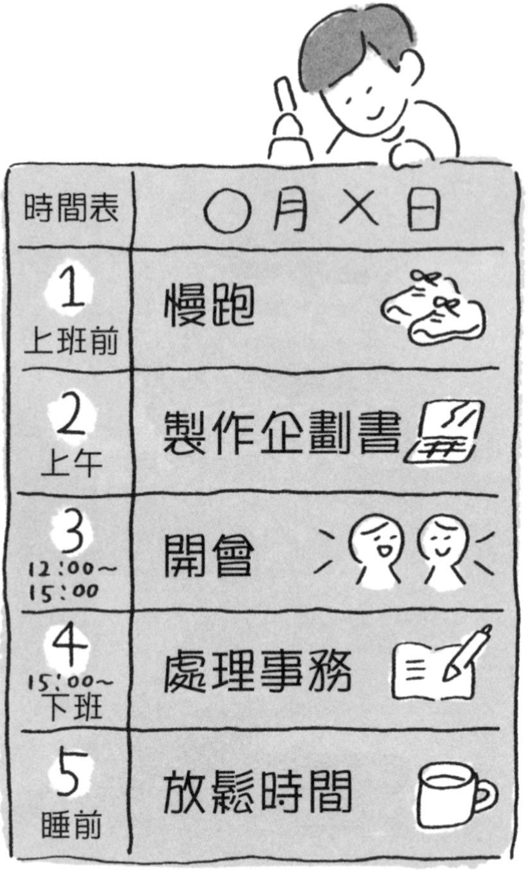

推薦給這些人	立刻做的訣竅
□ 被待辦清單追著跑的人 □ 忙到毫無從容的人	要確保做「想做的事」的時間。

工作與生活太忙碌、一天結束時筋疲力盡、沒時間做自己真正想做或喜歡的事情。該怎樣才能確保時間來做真正想做的事呢？應該有人有相同煩惱吧。

明明想要挑戰新事物，卻沒有時間也沒有力氣。如果一整天都被任務或待辦清單追著跑，任誰都會疲憊不堪。不管工作還是生活，如果只靠被迫去做的感覺或義務感行動，只會劇烈耗損自我。

但就算做相同工作，只要在時間使用方法上下功夫，就能大幅改變結果，最有效的方法就是利用時間表。這邊所說的時間表比學校的課表還更粗略劃分。**具體來說，可以像以下這樣將一天分割成五大時段，接著把工作或任務排到各自適合的時段上。**

①上班前
②上午
③下午三點前
④下班前
⑤睡前

這個時間表的重點「並非決定時段內所有該做之事的細項」，而是「決定最起碼想做什麼」。剩餘的時間就拿來處理待辦清單，或完成預定行程。

①上班前

早上上班前的時間，是個最不容易受外在因素左右的時段。所以你可以盡可能把對自己很重要的事情安排在這個時段，像運動、念書、冥想等工作以外的事情。

②上午

上午是相對容易專注的時段。盡可能把需動腦或創造性的工作安排在這個時段吧，例如建立中長期計畫、製作企劃書或提案書、構想新事業等。剩下的時間可以拿來處理待辦清單。

③下午三點前

午餐後是容易專注力不集中的時段。所以別安排獨立作業的工作，可以安排會議、討論、面談、商談、調整日程等需要和其他人一起處理的工作。

④下班前

三點過後到下班前的這段時間內，會因為期限效應而讓專注力再度提升，所以建議大家可以用來寫報告、辦理各種手續、善後處理等雖然麻煩卻很必要的工作。另外，也可以用來做前面章節提過的，確認明天的行程、想像最棒的成果，以及決定三個關鍵行動。

⑤睡前

工作結束後就要忘記工作，確保一段可以放鬆、享受，補充心靈營養的時間。像是吃頓美味的晚餐、喝酒、和朋友開心聊天、沉浸在興趣中，泡澡好好放鬆等。另外也推薦大家可以回想三件「今天發生的好事」後再就寢。

重點

要注意別把行程安排得太細。

27

工作中把時間以十五分鐘為單位切分

要用十五分鐘
做完！
90:00
60:00
15:00

推薦給這些人	立刻做的訣竅
□ 想要更加專注的人 □ 想讓工作張弛有度的人	準備一個計時器擺在桌上，開始倒數十五分鐘。

明明想要有效活用時間，卻不小心看起網路新聞，或拿起手機開始滑，結果只是無謂地浪費時間了。要是把那些時間省下來，我就能完成拖著沒做的那個工作了啊……。

之所以出現這種狀況，是因為你沒有對工作設定時間限制。

在腦科學的實驗中，證明了適度設定時間限制，比沒有設定時間限制更能活化大腦，讓人更加專注。

你曾聽過「帕金森定律」（Parkinson's law）嗎？它指出「工作會在時限內不停增加到填滿時間為止」，這是心理學中相當知名的定律。舉例來說，如果有三十分鐘可用，即使是十五分鐘能完成的工作，最後都會花上三十分鐘才完成。

因此，如果沒設定時間限制，就需要花費超越所需的時間才能完成一個工作。**反過來說，不管怎樣的工作只要設定時限，就能增加專注力，在最短的時間內完成。**

我在此推薦大家的，就是把時間以十五分鐘切分。或許你會覺得太短了，但只要專注就能做很多事。

另外，如果用六十分鐘或九十分鐘等更長的時間來切分，容易不小心大意，可能會讓你浪費一開始的十五、二十分鐘。

我建議大家別用時鐘計時，而要活用可以倒數計時的工具。

我很喜歡用計時器，手機應用程式裡也有許多方便的工具。不只可以透過聲音，也可以透過震動或光線閃爍來通知時間，就算在工作中也能不影響身邊的人加以活用。

另外，請將前述提過的「十秒行動」活用在十五分鐘的開頭上。

舉例來說，如果要寫企劃書，就能用「打開企劃書格式表」、「拿出相關資料」等自己決定好的十秒行動開啟工作。

重點在於決定好「十五分鐘內要完成這個部分！」之後開始工作。或者也可以用「我十五分鐘可以做到哪呢？」這種玩遊戲的感覺挑戰看看。

持續一段時間後，可能會有人覺得「十五分鐘有點太短」、「十五分鐘太長了我無法專注」。

此時可以試著把時間延長到二十分鐘，或把時間縮短成十分鐘，調整看看。

只要反覆實踐，就能找到自己最能專注的時間切分方式。

重點

試著反覆嘗試，找出你最能專注的時間單位。

28

一天要確保兩次「認真的三十分鐘」

推薦給這些人	立刻做的訣竅
☐ 遲遲無法著手想做之事的人 ☐ 工作一成不變的人	只要三十分鐘就好，發揮出自己現在所有的能力吧。

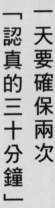

我們沒有辦法一整天維持高度專注力，整日只有少之又少「真正能專注的時間」。是否能有效活用這稀少的時間，就會左右你行動的品質。

任何人都有「容易專注的時段」，可能是早晨、上午、傍晚，每個人都有所不同。請在這個時段內花三十分鐘，認真從事「最重要的事情」。最好可以用來做平常容易拖延，但對自己來說很重要或真正想要做的事情。**也就是「非緊急的要事」，請在一天實踐兩次。**

決定好時段與該做的事情後，把自己當作職業運動員要參加重要比賽般認真使出全力。此時戴耳塞、用計時器設置倒數計時，能更容易認真。

就算只有三十分鐘，只要你能認真使出全力，就能減少拖延，也能獲得成就感。

重點

創造不同於平常的氛圍，營造特別感。

29

依照所需的時間，先決定好轉換心情的方法

推薦給這些人	立刻做的訣竅
☐ 容易沮喪的人 ☐ 容易累積壓力的人	準備好當身心疲憊時，可以立刻轉換心情的方法。

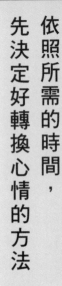

工作失敗或接連不順心時，擅長轉換心情的人有辦法立刻改變自己的心情，而不擅長轉換心情的人就會受到負面狀態影響。

那麼，擅長與不擅長轉換心情的人有哪裡不同呢？

主要在於是否有事先決定好轉換心情的方法。

有行動力的人並非「總是狀況絕佳」，反而因為行動量大，不順心的事情也會變多。即使如此仍然能不停行動，是因為他們有恢復體力與專注力的放鬆方法，以及調整沮喪情緒的方法，也就是能「重設自己」，而且能「隨時、隨地、立刻」執行。

具體來說，決定好「幾分鐘就能做到的事」，例如深呼吸、伸展身體、散步、吃甜食等；「三十分鐘可以做到的事」，例如小睡、打掃、慢跑、泡澡等；「需要一段時間的事」，例如旅行、看電影等。如此一來，當遇到需要重新調整時，就能根據狀況立刻轉換好心情。

重點

轉換心情還可以期待「做完這個之後就能○○了」的獎勵效果。

專欄 4

提升時間品質的四個提問

時間管理有兩個目的。

一個是「讓工作有效率」，另一個則是「提升時間品質」。也就是「你是否把時間花在對自己真正重要、有價值的事情上面？」

第四章已介紹了關於「讓工作有效率」的方法，所以在此就「提升時間品質」，提出一點啟發供大家解決問題。

想要提升時間品質，可以從以下兩個方向思考。

①是否有做出成果？

②身心是否處於良好狀態？

關於①當然無須多說，就算你再會運用時間，如果沒辦法做出任何成果就沒有意義。偶爾會出現「捨成果逐管理時間」的狀況，這就本末倒置了。

那麼，為什麼②的身心狀態很重要呢？

這是因為，「處於怎樣的狀態？」比起「做什麼？」會帶給表現更大的影響。

我們容易把力氣灌注在「做什麼？」「怎麼做？」上面。但不管做什麼事，行動的原動力都是「身心的健康」，不僅如此，想要提升行動品質，「身心狀態」也會變得很重要。

當你身體狀況持續不佳或一直處於重度壓力下，就沒辦法發揮表現。另外，在「自己不做出成果就沒有價值」、「我不管做什麼都沒有用」等心理狀態下，也很難提升行動品質。

看到這裡，你可能會覺得理所當然吧，但特別是許多商務人士都不會注意自己的身體狀況，只想要做出更好的成果，導致狀態（身心健康與狀態）更加惡化，結果只是讓時間品質變得低落。

如果想提升時間品質，請試著每個月問自己以下四個問題。

①本月做出成果的事情
②本月沒做出成果的事情
③身心狀態變好的原因
④身心狀態變差的原因

接著盡可能排除「本月沒做出成果的事情」與「身心狀態變差的原因」，增加「本月做出成果的事情」與「身心狀態變好的原因」。只要擁有這樣的意識，就能逐漸提升時間品質。

Chapter 5

朝著夢想或目標跨出第一步！養出行動思考能力的方法

ON

行動力是改變人生的基礎。
最重要的是思考「要利用這個做什麼」。

到目前為止，已提供大家成為「行動派」的具體技能，讀完並加以實踐的人，應該已經變得比以前更有行動力了吧。

但請別就此滿足。我希望已經成為行動派的你，也務必經歷「改變人生」的經驗。

人類的行動大致可分為兩大類。

一個是將負面狀態回復原點基準的行動（復原行動），另一個則是產出附加價值的行動（增值行動）。

這是我以美國臨床心理學家弗雷德里克・赫茨伯格（Frederick Herzberg）所提倡的「激勵—保健理論」（Motivation-Hygiene Theory）為基礎，希望每個人都能容易理解而創造的單詞。

赫茨伯格提倡，應該要將「構成人類動力的因素」區分為「保健因素」與「激勵因素」兩種來思考。

「保健因素」是與不滿意、不滿足相關的因素，「激勵因素」是與滿足感、成就感和幸福感相關的因素。

也就是可以解釋成，消除不滿意或不滿足等課題的行動是「復原行動」，而為了得到

滿足感、成就感和幸福感的行動就是「增值行動」。

以整理房間為例，「丟棄不必要的物品」、「用完歸位」、「打掃」等行動就是「復原行動」。

而想像要在整理好的空間怎樣度過，「購買實現理想所必要的東西」、「改變家具位置」等行動就是「增值行動」。

前幾個章節解說的成為「行動派」的方法，基本上就是要推動「復原行動」，是可以成為我們行動力基礎的技能。當你可以順利做到「復原行動」後，你的工作會變得更有效率，也會養出好習慣。但只有這樣還沒辦法實現你的夢想與目標。

就和倉鼠擁有行動力後，不管在滾輪中跑多快，都不可能產出任何東西一樣。

所以我們需要與「復原行動」一起思考「其實想要怎麼做？」「節省下來的時間想要怎麼用在哪些事情上？」

這就是「增值行動」。

你想要運用執行「復原行動」後產出的時間挑戰哪些事情呢？

為了讓自己的人生更加豐富，明確找出真正想做、想挑戰的事情，為了實現這些事採取的行動就是「增值行動」。

以你的個性、價值觀與才華為基礎，開心享受、放鬆、產出價值、成長……。當你成為「行動派的人」，可以把時間用在「增值行動」上之後，你就能擁有開心、充實的每一天。

另外，只要掌握以下三個步驟，每個人都能做到「增值行動」。

①訂定目標
②找出明確目的
③決定好實際執行的內容

本章將依序解說這些步驟的方法。

30

想改變人生就需要「異想天開的目標」

你是哪種人呢？	成功的祕訣
☐ 有夢想或目標的人 ☐ 光眼前的事情就耗盡力氣無法多思考的人	試著徜徉在「夢想未來」的想像中。

想要豐富人生，就需要夢想與目標，這也是「增值行動」的原動力。就像設定好目的地後，導航就會指引你抵達終點，只要目標明確，我們就會自動展開行動。

雖然這樣說，但只單純將目標言語化、數據化，並沒辦法讓你能自然展開行動。常看見有人會拚命地將目標細分或規劃得更加明確，如果只做到這些，一旦進入行動階段，反而常出現遲遲無法推進的狀況。

那是因為你試圖在過去的延長線上，建立「現在的自己能力所及範圍內」的夢想與目標。舉例來說，像是「營業額要比去年成長十%」、「分數要比上次進步十分」，這應該不是你「打從心底想實現的目標」。

因為「不想失敗、不想失望、不想被罵、想要輕鬆」的想法，而出現這種可預期且可實現的目標。但就算訂定了保險的目標也沒辦法讓你怦然心動，這無法打開行動開關。

想改變人生所需的是「異想天開的目標」。「異想天開的目標」是不會被實現可能性及感情煞車器侷限的「心中真正想實現的目標」。

「異想天開的目標」與「旅行」很相似。

就算不去旅行也能活，但有「一天、一週、一個月、一年就在只做該做的事情中結束了」、「感覺有哪裡不滿足」、「沒有充實感」、「明明沒有懶散度日卻一事無成，只有時間不停流逝」等感受的人，正需要旅行，亦即「異想天開的目標」。

沒有「異想天開的目標」的人，如同沒決定好旅行目的地而每天徬徨的人。因為沒有想去的未來，就容易受他人影響或社會情勢左右，情緒隨著眼前的事情潮起潮落，不管開心還是痛苦都只有當下，全部都是片段且短暫的東西。

這樣一來，就沒辦法累積好不容易做出的行動、努力與付出的辛勞。

舉例來說，假設A和B是在同家公司工作的三十多歲上班族。

A認為「自己是當一輩子普通員工結束一生的人」，漫無目的活著。總之只要無風無浪過活就好，想著只要不被裁員就好，完成每天該做的工作。A在遇到突發狀況時，應該會想：「啊~為什麼我會被捲入如此麻煩的事情啦……，拜託真的是饒了我吧。」

另一方面，B有「我將來要成為經營者！」這「異想天開的目標」，他每天努力工作，想要趁現在累積各種不同的經驗。B遇到突發狀況時，應該會想：「好，努力度過這個難關吧。當我自己成為社長後，肯定會遇到更複雜且更難解決的問題，這也是個好經驗。」

面對相同一件事，只是有無「異想天開的目標」的差異，就讓兩人看待事物的方法天差地別。而這個差別，也會大幅影響每個思考、選擇、決策與行動。

就算你現在做不符期待的工作，身處自己不情願的狀況中，只要有「異想天開的目標」，所有的行動、挑戰和辛勞，全都會變成實現你理想未來的必要資源。

過去的失敗與不願回想起的經驗，將來有天肯定也會變成「那是為了幫上某人的必要事情」，更重要的是，你的生活會在不知不覺中變得開心和充實。

重點

「異想天開的目標」，會大幅影響我們的思考、決策與行動。

31

【訂定目標1】聚焦「欲望」後，就能找到真正想做的事情

你是哪種人呢？	成功的祕訣
☐ 面對自己欲望的人 ☐ 壓抑自己欲望的人	請理解欲望不是壞東西。

為了達成上級交辦工作的目標數字，你必須約客戶見面卻遲遲無法採取行動，我想應該不少人有這樣的經驗。為什麼有明確目標卻無法行動呢？

這是因為目標裡沒有「欲望」，老實說這目標很無聊，也提不起勁來，所以才無法打開行動開關。

人沒有欲望就無法產生動力，反過來說，如果是自己真正想做的事情，就可以付出任何努力、持之以恆、有所成長。

沒有欲望的目標，不能說是真正的目標。

想成為經營者、想移居國外、想活用興趣獨立創業、想搬到鄉下從事農業、想爬聖母峰……。請你試著拋開限制思考看看。

但這些夢想與目標，多半深藏在你的心中，很少會外顯出來。所以為了找出「異想天開的目標」，第一個步驟就是「理解自己的欲望」。

聽到「欲望」，或許有人會浮現負面印象，但此處所說的欲望，是「深藏心中的純粹心情，牽動情緒的希望、願望、期待」。

大腦中有名為「邊緣系統」、負責本能行動與情緒等重要任務的舊大腦，以及在邊緣系統上形成的新大腦「大腦新皮質」。

舊大腦為了維持生命而工作，掌管情緒與行動。

另一方面，新大腦為了可以因應狀況做出適當的行動，而擁有高度的學習能力，掌管語言。

也就是說，不管擬訂出多明確的目標，只要目標還停留在語言階段，就沒辦法進一步展開行動，形成「明明理智知道該行動比較好卻無法行動」的狀態。

正如同有「感動」這個詞卻沒有「知動」，人類是靠感情而非理智行動。如果你想展開行動，就必須從掌管感情與行動的舊大腦下手才行。

只要好好活用「欲望」這個情緒，你隨時都能自由對大腦下手，因為欲望無法「思考」只能「感受」。

雖然這樣說，突然要你掌握自己的欲望應該有相當的難度，從下個單元開始，將告訴大家把沉睡在心中的內在欲望外顯出來的技巧。

重點

意識到「用大腦思考的事情」，與「用心感受的事情」之間的不同。

32

【訂定目標2】分別傾聽「大腦的聲音」、「身體的聲音」、「心裡的聲音」

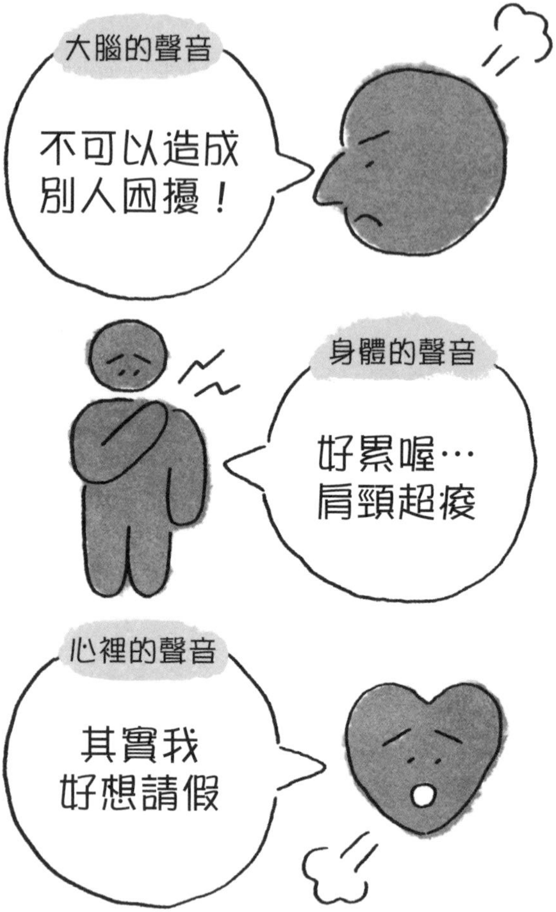

你是哪種人呢？	成功的祕訣
□ 重視「自己心情」的人 □ 重視「常識及社會觀感」更甚「自己心情」的人	不停反覆確認，現在心中所想的事情是「真心話」嗎？

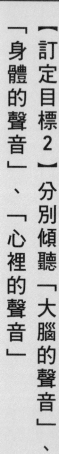

理解自己欲望的訣竅，就是傾聽「心聲」。其實我們的思緒可以分為以下三類：

- **大腦的聲音：平常思考的事情。「非做不可」、「得這樣做」等義務感**
- **身體的聲音：身體的狀態。「肩頸僵硬」、「喉嚨很痛」等感覺**
- **心裡的聲音：感受、心情。「想這樣做」、「想要」等欲求**

我們平常思考自己的心情時，可能是這三種聲音混雜在一起，也可能只聽見特定的聲音（尤其是大腦的聲音）。

舉例來說，煩惱自己老是無法立刻行動的人，大多都只聽「大腦的聲音」。另外，身體狀況一直不好的人，大多都對「身體的聲音」充耳不聞並折磨肉體。

為了理解自己的欲望，首先每天試著抽出一點時間，分別傾聽這三種聲音。如此一來，就能讓深藏在內心的「心裡的聲音」顯露出來。

建立「異想天開的目標」最大的訣竅就是，應該要重視「想不想要實現？」而非「能不能實現？」

但大多數的人都會被「我辦不到」、「我沒有錢」等「大腦的聲音」阻撓而放棄思考，壓抑自己「心裡的聲音」。

為了讓「心裡的聲音」外顯出來，我們就需要與自己對話。具體來說，只需要問自己「老實說，其實想要怎麼做？」這個簡單的問題就行了。

先把過去的失敗與現狀的忙碌擺一邊去，問自己「其實想要怎麼做呢？」並想像理想的未來。

舉例來說，假設你工作時隱約感覺「最近有點累」，你可以試著問這樣的自己「其實想要怎麼做？」

訣竅就是「分別傾聽三個聲音」。

一開始可能會聽到大腦說：「現在很忙，而且會造成同事困擾，得要努力才行。」但這應該不是你的真心話。

當你聽到大腦的聲音後，請試著再問自己一次「但是，其實想要怎麼做呢？」繼續提問後，你會聽到身體說：「最近身體狀況很不好，肩頸也很痠痛。晚上睡不好，工作時也比先前更加無法專注。」

接著再更進一步問：「那麼，其實想要怎麼做？」接下來，應該可以聽到「想要請兩、三天假，讓腦袋和身體好好休息」、「想要泡溫泉好好放鬆」、「想要沉浸在感興趣的陶藝中」等心裡的聲音（欲望）。

像這樣，就能逐步讓自己的真心話慢慢外顯出來。

同樣的方法也可以用在「異想天開的目標」上。

舉例來說，當你有個「想要試著創業」的模糊想法，但無法展開實現想法的行動時，你很可能只聽到「我沒有能力」、「會被人笑」等「大腦的聲音」。只要不停重複問自己「其實想要怎麼做？」就能逐步讓「其實我想要以感興趣的戶外活動相關的事情創業」等以「心裡的聲音」為基礎的「異想天開的目標」慢慢顯現出來。就算沒辦法馬上找到答案，只要不急不躁地不停詢問「其實想要怎麼做？」就能比較容易聽見「心裡的聲音」。

只要知道自己「其實想要怎麼做？」之後，就能毫不迷惘地判斷、做決定。結果，就能讓你開始朝夢想挑戰。

重點

還不習慣時，可以試著從「午餐想吃什麼」等簡單的事情開始問自己「其實想要怎麼做？」

33

明確訂出「目的」與「實際執行的內容」

你是哪種人呢？	成功的祕訣
☐ 明確知道自己的目的與步驟 ☐ 只有一個模糊不清的目的	意識到目標不是「設定好就結束」，而是「需要培養的東西」。

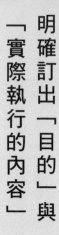

當你發現自己真正想做什麼之後，就要**明確訂出「目的」和「實際執行的內容」**。「實際執行的內容」就是決定「何時、在哪、做些什麼」。

舉例來說，假設有兩個擁有「想要說一口流利英文」目標的人。

A只有一個「會說英文在將來可以派上用場」的模糊目的，在這種狀態下他有辦法立刻開始念書嗎？就在他猶豫著「今天來背單字好了，還是要用英文字幕看國外的影集呢？還是念文法好了」中，最後變成「算了，明天再開始就好了」。

另一方面，B擁有「為了可以在一年內換到外商公司工作，我要學好英文」的明確目的。不僅如此，為了可以更順利換工作，他的多益成績需要超過八百分。為此，他絕對需要提升自己的聽力，所以他決定從利用考古題訓練聽力開始做起。像這樣明確訂出「目的」與「實際執行的內容」後，就能立刻開始念書。

重點

「為了○○要做××」，是行動的原動力。

34

【設定目的】理解自己的價值觀後
就能看見真正的目的

你是哪種人呢？	成功的祕訣
□ 知道自己最重視的價值觀 □ 沒有思考目的的習慣	試著探索自己「對什麼事情感到喜悅」吧。

讀到這裡，應該有人會想：「為什麼想做這個？就算這樣問我目的，我也沒辦法明確回答。話說回來就是因為煩惱找不到明確目的，所以想知道找出明確目的的方法。」

到底該怎麼做才能讓行動目的更加明確呢？

我至今幫助超過一萬五千人實現夢想與目標，在這個過程中我得知，人類行動的目的大致可以分成三大類別。會這樣說，是因為行動目的扎根在當事者的價值觀上，而價值觀可分為三大類。

這三類價值觀分別是**「①與他人的連結」**、**「②成就」**、**「③追求技術」**。

「①與他人的連結」就是珍惜得到感謝、加深彼此關係、重視充實人際關係的價值觀。只要聽到「謝謝」就能提升動力、對團隊全員一起做出成果感到喜悅、關心下屬或後進的培育及成長的人，就是重視「與他人的連結」。

「②成就」如字面所示，**就是重視達成目標、完成困難課題的價值觀。**只要達成目標或創造新紀錄就會變得很有鬥志，對自我成長、升遷、加薪等事情的動力比他人更高的人，可說是最重視這個價值觀了。

「③追求技術」是重視加深專業程度，希望自我意識與個性受到尊重的價值觀。追求獨創性或原創性，喜歡開發、研究、下功夫做創意的人，就是最重視這個價值觀。

這些是我們思考的基礎，每個都很重要，大家都同時擁有這三種價值觀，只不過每個人的優先順位有所不同。

以自己最重視的價值觀為基礎思考「為了什麼？」「為了誰？」之後，就能設定適合自己的目的。

假設現在有個「本月要達成○○萬營業額」的目標。

對三個價值觀中最重視「②成就」的A來說，達成營業額就是他自己的價值觀，所以他輕而易舉能立刻行動。

但對最重視「①與他人的連結」的B來說，以金額為基礎的目標讓他覺得不太適合自己。此時可以設定成「把商品送到有需要的○個人手上」、「希望可以透過商品販售讓更多人露出笑容」等符合自己價值觀的目的，就容易展開行動。

而對重視「③追求技術」的C來說，把目的設定成「開發每個人都能達成每月○○營業額的銷售方案」、「利用只有自己能做到的方法達到○○營業額」後，就會更容易行動。

在工作之外，假設想要減肥，重視「①與他人的連結」的人可以設定「想要瘦下來，交男（女）朋友」。重視「②成就」的人可以設定「三個月減五公斤，更新自己的最佳紀錄」。「③追求技術」的人則可設定「結合飲食控制與運動，開發出自己原創的減肥方法」等目的。

就像這樣，只要掌握自己的價值觀，你就能設定出最適合自己的目的。

重點

把三種價值觀的特徵寫在紙上，並試著確認看看。

35

【明確訂出實際執行的內容1】設置三個里程碑

你是哪種人呢？	成功的祕訣
□ 規劃路線圖朝目標前進的人 □ 對該做哪些事只有模糊想法的人	要明確找出「終點想像」與「過程想像」。

法。

前述說明了找出「目的」的方法，接下來要介紹明確訂出「實際執行的內容」的方法。

舉例來說，就算已經訂出「為了能在一年內換到外商公司工作，我的多益要考到八百分以上」，有時也沒辦法立刻動起來。只要目標明確，就能產生「好！明天開始努力念英文」的心情，但到了隔天早上，卻不知道該從哪裡下手，時間就在迷惘中消逝了。

之所以會這樣，是因為「實際執行的內容」不明確。

只要按照以下兩個步驟，就能簡單明確訂好「實際執行的內容」。

①在現狀與目標之間擺三個「里程碑」

②把里程碑「細分」

接下來要教大家，該怎麼在現狀與目標之間放三個「里程碑」。

雖然明確訂出目的了，但猶豫著最先該做什麼，或是不知道從哪裡著手，沒辦法明確規劃出行動方案時，就在現狀與目標之間擺上三個里程碑吧。

里程碑就是個「路標」，也就是在你朝實現目標前進時，路途中掌握大致進度的小目標。

以「為了能在一年內換到外商公司工作，我的多益要考到八百分以上」為例，可以訂出以下這些里程碑。

①首先，在三個月內以拿到六百五十分為目標
②接下來，在半年內把聽力提升到八百分以上的實力
③做到之後，接著把閱讀能力提升到八百分以上的實力

里程碑的內容當然會因人與狀況的不同改變。

如果你不曾考過多益，連是怎樣的測驗也搞不清楚時，第一個里程碑的難度就太高了。此時把第一個里程碑訂為「首先寫考古題，確認現狀能拿到幾分，接著以現狀加一百分為目標」比較合適。

不管怎樣，只要從終點倒推回來，就可以制定出概略的里程碑。比起一開始就以多益八百分為目標，先訂出三個小目標，然後朝第一個目標前進會比較容易行動，每當你完成一個里程碑時也能獲得成就感。

這些里程碑當然只是初步暫定，當你實際行動後，如果感到不適合自己，隨時都可以變更。

另外，曾經有人問我「里程碑一定要三個嗎？」我認為如果不滿三個就沒辦法想像出具體行動，不建議低於三個。

不過，只要不超過五個，也可以增加里程碑的數量喔。

重點

利用數字或標準來建立里程碑，就能更加簡單易瞭。

36

【明確訂出實際執行的內容2】細分里程碑

你是哪種人呢？	成功的祕訣
☐ 將行動「分解」思考 ☐ 將行動「大範圍」思考	除了「結果目標」之外，也訂出「行動目標」吧。

在現狀與目標之間設好里程碑後，為了讓你可以確實展開行動，還需要把里程碑細分，落實在每天的行動當中。「Chunk Down」是心理教練常用的一個名詞，就是「把一大塊拆解成小塊」的意思。

當實際執行的內容範圍太大時，會讓人難以行動，所以分割成小塊比較容易處理。

以前面的「為了能在一年內換到外商公司工作，多益要考到八百分以上」為例，第一個里程碑為「首先，在三個月內以拿到六百五十分為目標」或「首先寫考古題，確認現狀能拿到幾分，接著以現狀加一百分為目標」。

只不過，光是這樣還無法知道到底該怎麼做，因此就需要細分。**具體來說，請寫下為了達成這個目標的所需行動。**如果要將「首先，在三個月內以拿到六百五十分為目標」這個里程碑細分，就可以拆解成以下：

- **運用APP背六百五十分所需的單字、片語**
- **運用參考書念好六百五十分所需的文法**
- **運用語音教材，鍛鍊六百五十分所需的聽力**

・**寫多益考古題**

・**報考多益**

如果是另外一個里程碑「首先寫考古題，確認現狀能拿到幾分，接著以現狀加一百分為目標」，則可以這樣拆解：

・**購買多益考古題，確認考題類型**

・**寫考古題看看能得幾分，掌握自己現在的程度**

・**配合現在的程度買參考書，念單字和文法**

・**購買提升聽力所需的語音教材來練習**

・**報考多益**

像這樣寫出一定數量的行動後加上優先順序，請直接在上面編號。

只要這樣把實際執行的內容拆解、具體化之後，你就能明確知道今天、本週、本月該做哪些事情，即可避免「因為不知道該從哪裡做起，所以沒辦法辦到」的狀況。

至此，我們已做好①建立「異想天開的目標」，②明確訂出目標，③設定好實際執行的內容了。

最後，為了可以確實展開行動，請具體決定好「何時、在哪裡、做什麼」。

比起粗略決定「每週三次，每次念書三十分鐘」，決定好「本週週一、週三和週五上班前，要在餐桌念書三十分鐘」，更能讓你確實展開行動。

重點

實際執行的內容越具體，就越容易行動。

37

在達成目標之前，設定另一個更高的目標

NEW
目標達成
FINISH
差不多該訂定下一個目標了

你是哪種人呢？	成功的祕訣
☐ 隨時都會考慮未來 ☐ 只思考眼前的事情	請擁有「人生就是一連串的目標設定」的想法。

常會聽到運動員「達成目標的那一刻就燃燒殆盡了」，這點也可以套用在我們身上。

舉例來說，假設你為了要順利突破第一次海外出差的難關而學習英文會話，當你出差回來後，就會迷失學英文的目的，可能自此再也不念英文，這就太可惜了。

知道這點的人，會在即將達成目標時建立下一個目標。在海外出差時建立「下一次試著單獨出國旅遊吧」、「為了在回國後也可以持續和海外的相關人士信件往來，我要加強英文寫作能力」、「都接觸英文了，乾脆以國外留學為目標吧」等新的目標。

請養成當達成目標八成時，就訂定下一個目標的習慣。

在設定了一個更遙遠的新目標後，你就能看見讓你成長的具體行動。另外，也能帶來保持警惕、貫徹現在目標的效果。

重點

更新目標後，現在的目標就會成為成長過程的一個階段。

專欄 5

大幅改變你的行動！提升自我認知的方法

在心理教練的世界中，有句話說「目標與藍圖的品質，取決於自我認知的品質」。也就是說，擁有高度自我認知的人，也容易描繪出高品質的目標或藍圖。不僅如此，擁有「我能做到」這種高度自我認知的人，比自我認知低落認為「我做不到」的人更能加速行動。在此向大家介紹，只要三個步驟就能提升自我認知的簡單方法。

步驟一　理解現在的自我認知

首先，請試著把「你現在的自我認知」寫下來。

例如〇〇公司的員工、組長、課長、十年資歷選手、業務負責人、普通上班族、丈夫、妻子、雙寶爸、三寶媽、很會打網球的人、未來想創業的上班族等。

請自由地把你想到的認知全部寫下來。

步驟二　寫出你理想中的未來自我認知

假設事事順利，那半年後、一年後、三年後，你的自我認知會出現怎樣的變化呢？

請試著寫出以下三個。

①事事順利的半年後你的自我認知

②事事順利的一年後你的自我認知

③事事順利的三年後你的自我認知

像是將來備受期待的〇〇公司的員工、〇〇的期待之星、新任組長、新任課長、頂尖經理人、〇〇的專家、寵妻魔人、新銳藝術家、人氣部落客、把工作和興趣都做到極致的人……。請分別寫下半年後、一年後與三年後的想像，完全不需要謙虛也不需要有任何顧忌。

步驟三　從未來的自我認知中選擇覺得最適合自己的一個

半年後、一年後、三年後中的哪一個都可以，選擇覺得最適合自己的一個，接著試著從現在此刻開始，用這個自我認知生活。

舉例來說，如果你選擇「一年後成為頂尖經理人」，就算你現在的自我認知是「非常普通的上班族」，也從現在開始意識頂尖經理人會有的姿勢、遣詞用字、服裝、觀點、視野、工作品質、使用時間的方法等事情，並試著實踐。

當你實踐這些後，就能逐步提升自我認知。此外，為了更接近這個認知，行動就會產生變化，實現理想的可能性也會變高。

這正是「心想事成」。

附錄

確實實現目標的「回顧筆記」寫法

要定期琢磨「異想天開的目標」

我在第五章告訴大家，如果真心想要改變人生，就需要一個「異想天開的目標」。那麼，在建立異想天開的目標後，接下來該怎麼辦呢？

不管設定了多有魅力的目標，動力都會在不知不覺中下降；不管有多感動，都會被不知不覺遺忘而埋沒在日常生活中；不管多有熱情都會在不知不覺中降溫。我想每個人都曾有過這樣的經驗。

如同熱咖啡會隨時間變冷一樣，放置不管後，對目標的熱情也會逐漸轉冷。已設定好「異想天開的目標」的人，請千萬別就此感到滿足、安心。

▼▼你是否把建立好的目標置之不理了呢？

「異想天開的目標」會拉著你朝理想的未來前進。

如果你明明設定好「異想天開的目標」了，卻「完全不順利」、「行動完全沒任何改變」、「工作和生活就已耗盡全部心力，只好不停拖延」，那就需要加以琢磨成更具魅力的目標。

另外，「我找到超有魅力的異想天開的目標！」的人也別因此安心，找到目標後就滿足，最後把目標丟到一旁不管的人意外地多。這同樣可以套用在「實際執行內容」上。

目標和實際執行內容並非「建立好就結束」，為了可以展開行動加以實現，就需要定期琢磨成更具魅力且更有效果的東西。

那麼，為了實現好不容易建立起的「異想天開的目標」，該怎樣才能確實地琢磨呢？

我最推薦的方法就是「回顧」，在此就要向大家介紹有效回顧，確實將「異想天開的目標」加以成形的方法。

不回顧就無法實現目標？

定期回顧目標實現的進度、修正路線，就能防止「半途而廢」的狀況。如此一來，不論成功或失敗，經驗過的事情都會變成資源。

面對實現目標的挑戰，很少見全部照計畫順利進行的情況。反而是越勇於挑戰的人，會遇到越多不順利。**不回顧的人，只要遇到一次不順利就會判斷「失敗了」，然後放棄。相反的，會回顧的人，可以修正路線，改變方法後再次挑戰，展開下一個行動。**

「事情順利」時也是相同，不回顧的人，當事情順利時就會因此滿足而結束。因為不分析順利的原因，所以無法重現，沒辦法長期維持良好狀態。

另一方面，會回顧的人會分析事情順利的原因與狀況，且會有意識地活用在下一個行動上。**也就是說，只要懂得「回顧」，就能把經驗變成資源，活用在下一次的行動上。**

▼▼「回顧」與「反省」的目的不同

有個與「回顧」概念相似的行動，那就是「反省」。兩者雖然很像，但目的完全不同。兩者在「回頭審視過去的行動」這個意思上相同，但反省只聚焦在「沒辦到的事情、不順利的事情」，目的在於改善，避免下次犯下相同的錯誤或失敗。

相對的，回顧不僅關注「沒辦到的事情、不順利的事情」，同時也會看「順利的事情、好事」，也就是會分析「好事」與「壞事」，目的是要把「順利的事情、不順利的事情」兩種經驗變成資源，並加以活用。

我所協助的客戶中，有人曾有過「我自以為在回顧其實只有反省，結果讓自己更沮喪」的經驗。自以為在「回顧」，但不知不覺中變成「批評大會」，結果容易變成只是在後悔、貶低自己、自我否定。最後會認為「自己完全不行」、「都這麼努力了還做不好，我或許沒有才華，沒用了吧」、「就算行動也是枉然」而失去自信。

認為自己「我很擅長反省，但不擅回顧」的人，已經做到一半了。接下來試著特別意識針對「順利的事情、做得好的事情」思考就可以了。只要養成找出事情順利原因的習慣，就能提高重現的可能性，也能長期維持良好狀態。

▼▼成功做好回顧的三要點

回顧時的要點大致可以分成三大項。

要點一　回顧的頻率

首先是頻率，我建議大家以「一週」為單位回顧，這其中有三個理由。

第一個理由，容易持續。

如果要每天回顧，忙碌時可能很難確保回顧的時間。如果拉長到一個月，又會因為時間太長而忘記。

如果一週一次，就算忙碌，只要下點功夫就能抽出時間。如果不小心忘記了，不久後就會來到下週的回顧時間，也容易彌補。

第二個理由是，一年可以得到五十二次重設的機會。

就算有事情不順利，只要以週為單位回顧，就能在週末重設，隔週開始全新的挑戰。一年有五十二次挑戰和重設的機會，所以也容易修正路線。

第三個理由是可以降低心理門檻。

如果每天都要回顧，對被每天該做的工作追著跑的人來說，容易變成一種義務而非樂趣。一旦出現「既然每天回顧了，那麼每天都該做些為了實現目標的行動」的想法後，這件事會變得毫不愉快，就難以持續下去。不僅如此，當忙碌無法回顧的日子變多後會討厭起自己，不僅不再回顧，可能直接放棄實現目標的挑戰。

此外，如果以月為單位回顧，也會提高陷入完美主義陷阱的可能性。

我們只要時間拉得越長，就容易產生「這點分量應該可以做到吧」這類高估自己的想法。結果把計畫難度訂得太高，反而讓自己因為「沒有什麼進度耶」、「比預期做得還少」而更加沮喪。關於這點，如果以週為單位規劃，不管多忙碌都較容易確保挑戰目標的時間。另外也容易預估狀況，建立更實際的計畫。

為了確實回顧，可以試著訂定「每週五晚上九點」、「週一早上六點」等固定回顧的時間。順帶一提，回顧一次花費五到三十分鐘就足夠，首先大約抓十五分鐘開始嘗試起吧。

要點二 回顧的順序、做法

絕對要依「順利的事情（做到的事）→不順利的事情（沒做到的事）」的順序回顧。接著把結果寫入行動計畫中，並反映在之後的預定行程上。我稍後會詳述，做法就是首先明確找出「順利的事情」的原因與背景，光是這樣做就能提高重現的可能性。而針對「不順利的事情」，則要明確找出課題與對策，並修正路線。

要點三 活用回顧的方法

好不容易回顧了，如果沒辦法反映在實際行動上就太浪費了。因此請問自己以下三個問題，慢慢地讓自己能加以活用吧。

- 該怎麼做才能更加接近自己的夢想與目標？
- 如果還能再加以改善，是哪一點可以改善？
- 如果想把這個經驗活用在下次行動，該怎麼做才好？

只要思考這些問題，就能把回顧的內容反映在下一個行動上。

什麼是琢磨行動的「回顧筆記」？

首先準備一本筆記本。筆記本的尺寸、格式不限。準備好筆記本後，請模仿下一頁的圖示，畫出四大方格（本書最後有附四頁空白的回顧筆記，可供練習使用）。左上為「實際執行內容」、右上為「辦到的事情、沒辦到的事情」、左下為「煩惱、課題」、右下為「修正路線的行動計畫」。做好之後，請依下面四個步驟回顧。

①實際執行內容	②辦到的事情、沒辦到的事情
③煩惱、課題	④修正路線的行動計畫

步驟一 寫下為了實現目標的「實際執行內容」

第五章已告訴大家，為了要達成目標，就要明確訂出「實際執行內容」。在現狀與目標間設置三個里程碑，接著將里程碑細分，訂出邁向各個里程碑的行動計畫。

首先，把這個行動計畫寫在四大方格的左上格裡。

假設A有個「我要從現在的公司自立門戶，開一家咖啡廳」這異想天開的目標。A把「學習開店的方法」訂為第一個里程碑。接著建立起「買開咖啡廳相關的書籍並閱讀」、「實際去見見辭掉工作開咖啡廳的人」、「到處去逛咖啡廳，研究菜單與價格」的行動計畫。

此時就在左上格裡填入「買開咖啡廳相關的書籍並閱讀」、「實際去見見開咖啡廳的人」、「到處去逛咖啡廳，研究菜單與價格」。

寫好後，接下來只需要實際展開行動即可。

步驟二 寫下「辦到的事情」、「沒辦到的事情」

在筆記本上寫好行動計畫，經過一週後回顧自己是否實際展開行動，並在右上格中填入「辦到的事情、沒辦到的事情」。

正如前面提到，此時要從「辦到的事情」回顧起，我們只要不特別加以意識，過去的美好回憶就會被隱藏在不好的回憶後面。所以回顧時要特別意識最先找出「過去的美好回憶」。

A寫下「去買了開咖啡廳的相關書籍」、「已經讀完一章了」等辦到的事情。接著寫下「實際去見見開咖啡廳的人」、「研究菜單與價格」等沒辦到的事情。

「辦到的事情」不管多小都能寫下來，就算書買來連一頁都還沒看，只要你買了書，就符合「辦到的事情」了。另外，就算還沒有買書，只要你已經在搜尋該買哪本書，那也是件「辦到的事情」，寫下「搜尋要買哪本書」就可以了。

步驟三 寫下「煩惱、課題」

把「辦到的事情」和「沒辦到的事情」寫下來之後，接著填寫左下格的「現在面臨的煩惱與課題」。

在此，用「該怎麼做才能執行呢？」的角度來思考剛剛寫下來的「沒辦到的事情」，把從中找到的「課題」寫下來。

以A的例子來講，思考「該怎麼做才能去見那些開咖啡廳的人呢？」後找出課題寫下來，就會變成：

- 不能選擇咖啡廳最忙碌的週末，所以要先確保平日可以前往拜訪的時間
- 別只限一個人，試著多找幾個人
- 想要約不認識的人見面難度很高，所以先降低難度

類似這樣，可以想出好幾個課題。

另外，也把「太常加班了」、「慢性睡眠不足與運動不足」、「很在意小孩應考準備是否順利」、「和家人的對話太少了」等與目標無直接相關的「煩惱」和「在意的事情」，填入這個方格中吧。

我們會有「為了實現目標，只需要採取必要行動就好」等過於簡單看待事物的傾向。但為了要確實實現中長期目標，身心健康、工作方法、使用時間的方法、家庭與職場中的人際關係好壞，也都會帶來影響。

別限定在「目標」上，當你寫出在意的事情或煩惱後，就能更客觀地掌握自己的現

狀。只要能夠認知現狀及課題，就能建立對策。

步驟四 寫下修正路線後的行動計畫

當你寫完「煩惱、課題」後，接著修正行動計畫的路線，設定好下週要執行的行動計畫，填入右下格。

首先分析步驟二中「辦到的事情」的原因，把順利的事情反映在行動計畫上。以A來舉例，他可以寫（上週在比較有體力的週一去買書了，所以）「週一下班後去調查菜單和價格」。

接著以步驟三的「課題與煩惱」為基礎，修正行動計畫的路線。舉例來說，「在上班通勤電車中閱讀開店相關的書」、「為了能在平日去咖啡廳，一週起碼確保一天可以準時下班」、「（不是突然連絡對方）首先以顧客身分去咖啡廳」、「（就算不實際到店家去也可以）使用網路，調查自家附近三家咖啡廳的菜單和價格」等。

此外，新的行動計畫會成為下週回顧時的對象，所以也填入下週表格的左上格中。或許你會覺得有點麻煩，但只要在前一週填好左上格內容，就會讓你想繼續填滿其他格子，也讓你容易持續每週回顧。

只要每週重複這四個步驟，就能確實朝實現「異想天開的目標」逐步邁進。

還不習慣時可能會比較花時間，此時可以設定「三十分鐘」的時間限制，在時間內盡可能填滿空格。

習慣之後大約十分鐘就能完成，請務必抱持輕鬆的心情嘗試看看。

結語 — EPILOGUE

非常感謝你讀到最後。

話說回來，你曾有過「拚死拚活」努力的經驗嗎？

如果有人問我「你曾經著迷過什麼事情？」我可以立刻想出來，但如果問我「你曾經拚死拚活努力過嗎？」我就沒辦法立刻想到什麼。

前幾天，我主辦的線上沙龍的成員問了我下面這個問題。

我真的很討厭犧牲什麼、咬緊牙根努力，我自己分析，（先不論做得好不好）我是想要重視自己的興趣和日常生活，在不勉強自己的情況下努力的人。

但是，我覺得把這個價值觀說給熟人或朋友聽，好像會得到「太天真了」、「得比別人加倍努力才行」等意見。

在我想著「啊，這正是活在別人的價值觀中」的同時，實際上我在學業或工作上幾乎沒有成功經驗，於是腦袋不停思考「是不是非得在哪裡拚死拚活努力才行啊……」

如果經歷這個過程後開始認為「得這樣做才行！」也就算了，結果我滿腦子都是負面想法，只是浪費時間。希望務必能聽到老師的意見。

首先，我覺得他可以理解「現在自己的價值觀是這個」這點非常棒。「是不是非得在哪裡拚死拚活努力才行」是「大腦的聲音」，所以我認為不需要勉強自己這麼做，因為感覺搞錯順序了。與其聽從「大腦的聲音」拚死拚活努力，請試著從老實接受「心裡的聲音」開始做起。

與其說是「因為拚死拚活努力，所以順利完成了」，倒不如說是**「遇到了能讓自己拚死拚活沉迷其中的事情，當我發現時，已經順利完成了。」**

這種狀況更多。

我們每個人，都會自然遇見讓自己著迷其中的事情，接著就在某個過程中變得拚命努力。事後再回頭想想，或許可說「犧牲了什麼」，但更常見「當時只是沉迷其中而已」、「我只是拚盡全力而已」。

只不過，我認為也可以「試著挑戰自己的極限」，把它當成一個經驗。「極限」或許只是你的偏見，藉由刻意挑戰「試著超越極限一次看看」之後，你或許會找到「自己全新的可能性」。

如果你不喜歡勉強自己或犧牲，那麼「拚死拚活徹底珍惜自己」如何呢?這樣一來就能不違背自己的價值觀，也能挑戰突破極限。

我們可能在今天遇見讓自己熱衷的事物，也可能是明天，也或許是一年後。在那天來臨之前，面對自己理想的未來，今天也一步一腳印，每天逐步累積自己的成長吧。

本書是受到非常多人的幫忙才得以完成。

多虧有負責編輯工作的かんき出版的重村啟太先生的洞悉能力與鼓勵，以及插畫家鈴木衣津子小姐幫忙，這本書才有辦法問世。此外，我總是能在感受工作價值中工作，全都要感謝所有客戶，以及行動創新計畫的夥伴們。真的非常感謝各位。

以及，身為我的人生伴侶，工作上也是我的最強夥伴，總是全力支持我的妻子朝子。

我的兩個兒子，晃弘和達也。謝謝你們。

最後，請讓我向購買本書的你致上最深的謝意。

只要憑著自己的意志行動，就會和希望一起打開你的未來大門。

我很期待在不久的將來，可以直接和你對話那天到來。

大平信孝

超簡單摘要！關鍵字檢索

1	多巴胺	行動力的源頭。可以提高動力，讓人感到開心，由大腦「伏隔核」分泌的神經傳導物質。	P.22
2	初步決定、初步行動	在現階段決定「就是這個！」後展開行動。因為只是初步，後續想變更也沒問題。	P.25
3	十秒行動	十秒就能辦到的具體行動。這在著手展開行動時可以發揮助燃劑的效果。	P.29
4	定錨效應	「制約」的意思。把「場所」和「時間」與工作等行動相連結後，就能擊退拖延症。	P.38
5	情緒一致性效應	只要心情愉悅展開新的一天，就能搭上「向上振奮」手扶梯。	P.46
6	放開行動煞車的方法	①找出原因，排除阻礙因素。②聚焦於目的，盡可能降低阻礙因素的影響。	P.52

7	利用五個資料夾整理電腦桌面	分成「①保存、參照用」、「②已結束」、「③本週」、「④現正使用中」、「⑤其他」等五個資料夾後做整理。也別忘記一個月要整理一次！	P.58
8	十秒指令筆記	在工作中斷時，先決定好當重新展開工作時，要從哪件事開始做起，並寫下來。光是這樣就能讓你順暢地重啟工作。	P.62
9	早上首要指令筆記	下班時初步決定「明天早上第一件要做的事情」後寫下來。這可以讓你每天早上順暢地展開工作。	P.65
10	後設認知	客觀認知自己知道的事情與不知道的事情。只要能對自己有後設認知，就容易建立對策。	P.70
11	控制緊張度	過度緊張或過度放鬆都會影響表現。只要創造出適度的緊張狀態就能展開行動。	P.77
12	比馬龍效應	受到他人期待時就能做出符合期待成果的傾向。在你過度放鬆時特別有效果。	P.77
13	把和自己的約定當作VIP	會把自己的事情擺到後頭去的人，要把和自己的約定視為和VIP訂下的約定，當成最優先事項。	P.79

14	絕對能照預定行事的計畫法	不僅A計畫，一開始就要準備好替代的B、C、D計畫，如此一來即使遇到意料之外的事情，也能「照計畫」行動。	P.81
15	人類的兩大行動原理	「迴避痛苦」與「追求快感」。根據狀況不同分別使用兩種行動開關，就能讓你更順暢地展開行動。	P.83
16	心理演練	藉由事先想像行動的終點，就能按下「我想品嘗那股滋味！」這種追求快感的開關，可以讓你心情雀躍地行動。	P.87
17	「做到了！」的想像是最強的	要是出現「做不到」、「好難喔」的消極想像，就會讓人拖延。出現「做到了！」這積極想像後，就能把意識放在「該怎麼做才能做到」上並展開行動。	P.96
18	俯瞰	利用更高、更廣的觀點來看待自己。只要能做到俯瞰，心情就不會因為結果潮起潮落，能夠累積行動。	P.99
19	「做到了濾鏡」和「沒做到濾鏡」	自我肯定感低落時，會低估自己，容易用「沒做到濾鏡」看自己。就算不完美，也可以找出其中一部分用「做到了濾鏡」看，這才容易能有下一個行動。	P.103

20 分別運用「結果目標」與「行動目標」

結果目標是重視結果的目標；行動目標是把焦點放在為了做出成果的必要行動上。狀況不好時就要用「行動目標」，開始一成不變就要用「結果目標」，依狀況分開使用。

P.107

21 時間記帳簿

和金錢的記帳簿相同，試著把自己使用時間的方法分為「投資」、「消費」、「浪費」三大類。如果「投資」時間為零，最多也只能「維持現狀」，所以要增加「投資」時間。

P.125

22 決定一天的時間表

把一天切割成「上班前」、「上午」、「下午三點前」、「下班前」、「睡前」五個時段，並把適合的工作和任務分派到各個時段中，以確保有時間可以做「想做的事情」。

P.129

23 帕金森定律

指「工作會在時限內不停增加到填滿時間為止」。為了防止這件事就要設定時限，如此一來專注力增加，可以在最短時間內完成工作。

P.133

24 認真的三十分鐘

在自己最容易專注的時段，「使出自己現在的全部力量專注」三十分鐘。可以減少拖延，得到成就感。一天要確保兩次這樣的時間。

P.137

編號	名稱	說明	頁數
25	自己的使用說明書	為了恢復體力或專注力，或是重振沮喪的心情，一開始就決定好，配合自己疲憊的程度，該用哪些適合自己的方法轉換心情或調整身體狀態。	P.139
26	提升時間品質的兩個觀點	①是否有做出成果？②身心處於好的狀態嗎？這邊所說的「身心狀態」是指身心的健康與狀態。	P.141
27	復原行動	解決不滿意或不滿足等課題，把「負面狀態」回復到原點的行動。	P.145
28	增值行動	為了得到滿足感、成就感和幸福感的「產出附加價值」的行動。思考想要利用復原行動節省下來的時間做什麼事情，就能讓你實現夢想與目標。	P.145
29	異想天開的目標	不被實現可能性束縛，「打從心底想要實現的目標」。異想天開的目標會拉著我們朝理想的未來前進。	P.149
30	欲望	深藏在內心深處的純粹心情，悸動心情的希望、願望、期待。沒有欲望的目標不能說是「真正的目標」。	P.153

31	三個聲音	「大腦的聲音」、「身體的聲音」和「心裡的聲音」。分別傾聽這三種聲音，就能讓你知道自己「其實想要怎麼做？」	P.157
32	三個價值觀	「與他人的連結」、「成就」、「追求技術」。以自己最重視的價值觀為基礎思考「為了什麼？」「為了誰？」，就能設定出最適合自己的目的。	P.163
33	里程碑	朝實現目標前進時，路途中當作一個基準的小目標。藉由在現狀與目標間設置三個里程碑，就能更明確找出實際執行內容，也更容易動起來。	P.167
34	自我認知	對自己的定義，提升自我認知後就能感覺「自己能做到」，所以可以加速行動。	P.176
35	回顧筆記	一週回顧一次，修正路線建立行動計畫。這是為了確實實現異想天開目標的有效方法。	P.184

____年____月____日

①實際執行內容	②辦到的事情、沒辦到的事情
③煩惱、課題	④修正路線的行動計畫

____年____月____日

①實際執行內容	②辦到的事情、沒辦到的事情
③煩惱、課題	④修正路線的行動計畫

＿＿年＿＿月＿＿日

①實際執行內容	②辦到的事情、沒辦到的事情
③煩惱、課題	④修正路線的行動計畫

____年____月____日

①實際執行內容	②辦到的事情、沒辦到的事情
③煩惱、課題	④修正路線的行動計畫

國家圖書館出版品預行編目 (CIP) 資料

一本書終結你的拖延症：透過「小行動」打開大腦的行動開關，懶人也能變身「行動派」的 37 個科學方法 / 大平信孝著；林于楟譯 . -- 初版 . -- 臺北市：遠流出版事業股份有限公司，2023.02
面； 公分
ISBN 978-957-32-9909-7(平裝)

1.CST: 時間管理 2.CST: 工作效率 3.CST: 成功法

177.2 111019732

一本書終結你的拖延症

透過「小行動」打開大腦的行動開關，懶人也能變身「行動派」的 37 個科學方法

作　　者 大平信孝
翻　　譯 林于楟
主　　編 周明怡
封面設計 張天薪
內文排版 菩薩蠻電腦科技有限公司

發 行 人 王榮文
出版發行 遠流出版事業股份有限公司
104005 台北市中山北路一段 11 號 13 樓
郵撥 0189456-1
電話（02）2571-0297
傳真（02）2571-0197
著作權顧問 蕭雄淋律師

定　　價 300 元
初版一刷 2023 年 2 月 1 日
初版十五刷 2024 年 8 月 1 日

如有缺頁或破損，請寄回更換

YARUKINI TAYORAZU「SUGUYARUHITO」NI NARU 37 NO KOTSU

Originally published in Japan in 2021 by KANKI PUBLISHING INC.
Traditional Chinese translation rights arranged with KANKI PUBLISHING INC. through AMANN CO., LTD.

遠流博識網 www.ylib.com E-mail: ylib@ylib.com
遠流粉絲團 www.facebook.com/ylibfans